まっぷる 哈日情報誌 知床道東
網走 釧路 阿寒

北海道區域的旅遊資訊也可以參考這裡！
MAPPLE TRAVEL GUIDE

特別附錄
正 道東公路MAP
反 知床半島立體MAP

U0076841

旅遊說明書

SHIRE TOKO!

鄂霍次克海
女別機場
宇登呂溫泉
網走
女滿別機場
知床
川湯溫泉
養老牛溫泉
阿寒 摩周・屈斜路
根室中標津機場
釧路 釧路濕原
丹頂釧路機場
太平洋

利用本書前請詳細閱讀下列事項

◆本書刊載的內容為2022年9月～2023年3月時採訪、調查時的資訊。
本書出版後，餐廳的菜單與商品內容、費用等各種刊載資訊有可能變動，也可能依季節而有變動或臨時休業等無法消費的情況。因為消費稅的調高，各項費用可能變動，因此會有部分設施的標示費用為稅外的情況，消費之前請務必先確認。此外，因本書刊載內容而造成的糾紛和損害等，敝公司無法提供賠償，請在確認此點之後再行購買。

◆各種資訊使用以下的方式刊載
☎─電話號碼
刊載的電話號碼為各設施的洽詢用電話號碼，因此可能會出現非當地號碼的情況。使用衛星導航等設備查詢地圖時，可能會出現和實際不同的位置，敬請留意。
L─營業時間・開館時間
營業時間、開館時間為實際上可以使用的時間。基本上餐飲店為開店到最後點餐時間，各種設施為開館到可入館的最終時間
休─公休日
原則上只標示出公休日，基本上省略過年期間、黃金週、盂蘭盆節和臨時休業等情況。
¥─費用・價錢
●表示入場時需要的費用，基本上為大人1人份的費用。
●住宿費原則上是一般客房的1房費用，S為單人房，T為雙床房、W為雙人房的金額，附餐點時則標示2人1房時1人份的費用。金額包含各種稅金、服務費在內的費用，但可能依季節、星期、房型、住宿人數而有所變動，預約時請務必確認。
所─地址
各設施的所在位置。自然景點僅為大略標示，使用衛星導航設定時請務必注意。
交通─交通方式
原則上標示出從最近車站出發的交通方式，所需時間僅為預估值，可能因季節、天候和交通機關的時刻表更動而有所不同。特別是在冬季，請保留充裕的交通時間。
P─停車場
不分免費或收費。有停車場時標示車位數，無停車場時標示「無」。
◆關於本書中介紹的料理和商品餐飲店的菜單及價格為採訪、確認時的資訊，內容和價格可能會視時期而變動。書中介紹的商品可能已售完，或依情況而有變更或停止販售的情況。另外本書中雖然介紹了酒類相關的店鋪，但法律嚴禁酒駕，負責開車的人請特別留意。

內文照片：根室硼堡

※由於新冠肺炎疫情影響，各設施的對應、對策可能會跟本書刊載內容有所不同，敬請事前確認最新資訊

簡單迅速瞭解知床、阿寒
從地圖

根室海峽齊聚了各種不同的鯨類

知床、阿寒在這裡

「知床五湖」是散布在原始森林中的5個湖泊

宇登呂

宇登呂溫泉

知床半島

→P.20
知床

羅臼

SHIRE TOKO!

知床斜里

釧網本線

斜里岳

川湯溫泉

摩周湖

摩周

北海道

養老牛溫泉

国後島

根室中標津機場
◆ 根室交通往中標津巴士總站的巴士1日行駛**4**班。所需時間約**10**分
◇ 亦有**5**間租車公司

✈ 根室中標津機場

中標津

野付

中標津巴士總站
◆ 往釧路站的阿寒巴士1日行駛**2~5**班。所需時間約**2**小時**10**分
◆ 往羅臼的阿寒巴士1日行駛**2~5**班。所需時間約**1**小時**30**分

別海

納沙布岬

標茶

→P.50
釧路 釧路濕原

根室本線

厚床

根室湾

根室

根室

釧路湿原

厚岸

釧路

這裡是阿寒的重鎮！
釧路 Kushiro
KUSHIRO

在出發旅遊前先了解一下！
Part❶

知床・阿寒旅遊地圖

仍擁有自然原始景觀與野生動物棲息的知床、阿寒，是遠離日本本島、能享受到大規模豐富自然的地方，但相對地區域範圍也很廣大，留意移動距離，好好地規劃旅遊行程吧！

先了解這些！ 知床・阿寒地區的傲人之處

知床、阿寒位在北海道的東部區域，面積占了北海道約4成大小，在這裡能欣賞到**充滿北海道風情的自然景觀**，魅力十足。

日本國內最後的祕境 ── **知床**，登錄為**世界自然遺產**，有**棕熊、蝦夷鹿、毛腿漁鴞**等野生動物密集棲息在此，還能透過各種自然體驗和觀光船享受壯麗的自然風光。位在太平洋沿岸的**釧路**，是以國內漁獲量列前茅為傲的漁業城市。北部有日本最大的濕原「**釧路濕原**」，並且也因**丹頂鶴**會飛來此處而聞名。擁有三大破火山口湖的**阿寒、摩周、屈斜路**則是道內數一數二的觀光地，到處都有天然的露天浴池，深受溫泉愛好者的喜愛。監獄與新鮮海產充滿魅力的**網走**，是冬天會有**流冰**靠岸的城市。也別錯過燒肉城市 ── **北見**，螃蟹和扇貝相當美味的**紋別**等周邊城市。

特產&伴手禮 螃蟹、鮭魚等海產，起司、優格、甜點

必吃美食 海鮮丼、壽司、爐端燒、拉麵、蝦夷鹿肉、牛奶甜點

☑NEWS

搭巴士旅遊
選擇「東北海道巡迴巴士 巴士周遊券」相當優惠！

只要事先預約，就能無限次搭乘路線達20條以上，行駛於東北海道都市間巴士的優惠周遊券。2024年度冬季販售的周遊券使用期間1月下旬～3月上旬，分成3～5日版。詳細內容請掃上方QR CODE連結至官網確認。

東北海道旅行實驗室」能提供東北海道旅行團或旅遊預約等服務

☑計劃旅遊事前掌握POINT

- 了解移動時間規劃行程
- 要遊覽2～3個區域的話，建議停留3天2夜
- 在機場租車較有效率
- 亦推薦搭乘巴士或火車舒適地旅遊

「巨大蟹鉗裝置藝術」為紋別的象徵

紋別

✈ 鄂霍次克
紋別機場

> 這裡是知床的重鎮
> **網走** Abashiri

鄂霍次克海

佐呂間湖

遠輕

網走

→P.78
網走

網走站
- ◆往知床斜里站的JR北海道1日行駛**7**班。所需時間約**50**分
- ◆往北見站的JR北海道1日行駛**13**班。所需時間約**50**分～**1**小時**10**分
- ◆往宇登呂的網走巴士及斜里巴士1日行駛**2**班。所需時間約**1**小時**45**分
- ◆車站附近亦有租車公司

女滿別機場
- ◆往網走站的網走巴士1日行駛**11**班。所需時間約**35**分
- ◆往宇登呂的網走巴士及斜里巴士1日行駛**2**班。所需時間約**2**小時**10**分
- ◆亦有**5**間租車公司

北見 北見

✈ 女滿別
機場

溫根湯溫泉 石北本線 十勝大

屈斜路湖

→P.64
阿寒 摩周·屈斜路

阿寒湖

「阿寒湖」為球藻棲息的破火山口湖

♨阿寒湖溫泉

オンネトー

丹頂釧路機場
- ◆往釧路站的阿寒巴士班次會配合飛機抵達時間行駛。所需時間約**45**分
- ◆往阿寒湖溫泉的阿寒巴士1日行駛**3**～**4**班。所需時間約**1**小時**15**分
- ◆亦有**6**間租車公司

道東自動車道

丹頂釧路機場 ✈

根室本線

> 廣～大
> 知床、阿寒

確認 所需時間與距離

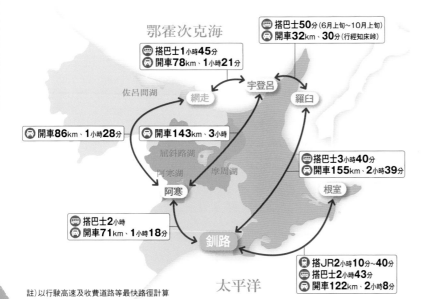

鄂霍次克海

佐呂間湖

🚌搭巴士**1**小時**45**分
🚗開車**78**km、**1**小時**21**分

網走 宇登呂 羅臼

🚌搭巴士**50**分(6月上旬～10月上旬)
🚗開車**32**km、**30**分(行經知床峠)

🚗開車**86**km、**1**小時**28**分

🚗開車**143**km、**3**小時

🚌搭巴士**3**小時**40**分
🚗開車**155**km、**2**小時**39**分

屈斜路湖 摩周湖

阿寒湖

阿寒

根室

🚌搭巴士**2**小時
🚗開車**71**km、**1**小時**18**分

釧路

太平洋

🚌搭JR**2**小時**10**分～**40**分
🚌搭巴士**2**小時**43**分
🚗開車**122**km、**2**小時**8**分

釧路站
- ◆往網走站的JR北海道1日行駛**5**班。所需時間**3**小時～**3**小時**15**分
- ◆往根室站的JR北海道1日行駛**6**班。所需時間**2**小時**10**分～**2**小時**40**分
- ◆車站附近有**6**間租車公司

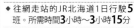

註)以行駛高速及收費道路等最快路徑計算

找到你
最喜歡的
風景吧！
Part❷

天空和大地都超寬廣的景觀！

知床·阿寒 的 絕景

Shiretoko·Akan Super View

還有這種
風景！

⬆在高架木棧道和地面步
道，有可能會遇見蝦夷鹿
等野生動物

生氣蓬勃的自然風景和野生動物，
以毫無拘束的原本姿態棲息在知床、阿寒，
前往尋找能感受到生命氣息的絕景吧。

保留著珍貴生態系的道東主要觀光地

世界自然遺產「知床」

這片保留著原始自然景觀的區域，於2005年登錄
為世界自然遺產。在此能透過參加自然導覽旅行團，
實際感受這片從海洋連接至陸地的珍貴生態系。

原生林中的5座神祕湖泊

靜靜佇立在知床山脈與

★ 宇登呂

MAP 33 B-1

知床五湖

●しれとこごこ

5座湖泊散布在知床山脈的羅臼岳山麓，隨
著地點不同，能看見知床山脈倒影映入其
中。有地面步道與高架木棧道2種散步方
式。

P.22

還有這種風景！

◎蒼鬱樹林環繞的巨木原生林有著難語言喻的神祕氛圍

走在動物氣息濃厚的森林之中
前往視野景觀超群的觀景點

從斷崖俯瞰大海的森林健行

宇登呂

●うみをみおろすだんがいのもりあるき

走在原生林中近距離感受野生動物痕跡，並以高100m以上動態斷崖景觀為目標的人氣導覽旅遊行程。森林裡未規劃步道，因此能感受到原始的自然環境。

📞0152-24-2077(知床のガイド屋Pikki)
🕐4月下旬～11月下旬期間1日2次 休天候不佳、棕熊出沒時 ¥5000円(2名以上的價格) 所宇登呂地區內的住宿飯店、公路休息站、巴士總站等(集合地點)

➡15時30分出發的行程，在日落時刻較早的期間還能欣賞到染上夕陽的景色

還有這種風景！

流冰漫步®

宇登呂

MAP 31 A

●りゅうひょううぉーく

在個人便服外面套上乾式防寒衣，於導遊的帶領之下於流冰上進行冒險的戶外活動，能實際感受冬季風光景色的流冰。

📞0152-22-5522(シンラ)
🕐2月上旬～3月下旬期間1日4次(需預約) 休天候不佳時休 ¥6000円 所斜里町宇登呂西186-8 道の駅うとろ・シリエトク(集合場所) 🚌宇登呂溫泉巴士總站步行5分 P使用公路休息站停車場

實際感受鄂霍次克海
靠岸的流冰！

在擁有廣闊富饒海洋的根室海峽
探索虎鯨或鯨魚！

賞鯨豚

羅臼

MAP 40 B

●ほえーるうぉっちんぐ

知床半島東海岸、羅臼沿海在一整年，都能遇見各種鯨類和海鳥。搭乘遊船來觀察這片稀有的海域吧。

P.34

還有這種風景！

◎夏天還能見到揚起尾鰭潛入海中的抹香鯨

摩周湖 神威露臺
●ましゅうこかむいてらす

弟子屈

MAP 77 C-3

位於摩周湖第一觀景台的摩周湖休憩所於2022年7月改造重新開幕。夜晚360度的大全景星空呈現在眼前。

P.70

還有這種風景！

從「摩周湖Lounge」能透過大片玻璃窗望見湖光景色

美麗珊瑚草
宛如深紅色地毯

還有這種風景！

←設有木造步道，因此能走到一整片珊瑚草的中間

能取湖珊瑚草群生聚落
●のとろこさんごそうぐんらく

網走

MAP 附錄 E-3

珊瑚草是僅生長於道東部分區域的罕見植物，能取湖有部分區域為其群生聚落之地，到了秋天便會披覆上紅色的珊瑚草。

P.86

讓心情舒暢的壯麗景色

山丘與湖泊的全景風貌

靛藍美麗的摩周湖是知名觀星名勝

朝日之丘公園
●あさひがおかこうえん

大空

MAP 附錄 E-3

「朝日之丘公園」位於女滿別地區的高地上，夏天到秋天期間觀景台周邊會變成一片向日葵花田。

山丘、湖泊的景色會隨著季節和時段變換風貌。色彩繽紛的花兒、廣大的湖泊規模與美麗都超乎想像，令人感動不已！

還有這種風景！

↑登上展望台，就能連同向日葵花田一起飽覽網走湖、斜里岳、知床山脈

對比風景如畫
黃色向日葵與蔚藍晴空

日本第一個拉姆薩國際濕地公約登錄地

釧路濕原

為日本最大的濕原，面積達28,788公頃。珍貴的動植物棲息其中，展現保有太古之姿的壯麗風景

在自然寶庫濕原之中體驗划獨木舟行程

> 還有這種風景！

在體驗划獨木舟行程中，還可能遇見亦是濕原象徵的丹頂鶴

釧路Marsh & River

くしろまーしゅあんどりばー

MAP 63 C-4 釧路

在蜿蜒潺流於釧路濕原的釧路川下流河域中，划行獨木舟的體驗行程。能在寬廣天空下的濕原中央享受遼闊的大自然。**P.59**

通天道

てんにつづくみち

MAP 附錄 G-3 斜里

位於知床半島根部約28km的直線道路。由於道路前方看起來要直通天上一般，成為近年來的人氣攝影景點。**P.32**

> 還有這種風景！

在附近的展望台還能看見大海與田地環繞的風景

想要在知床兜風！看不到盡頭的筆直道路

道東獨有的地點！大自然中的人氣拍照景點

在知床、阿寒這裡有許多如在大自然中才能見到的如詩如畫風景，試著按照自己的感覺拍照留下紀念吧。

明治公園

めいじこうえん

MAP 附錄 J-6 根室

運用舊國營牧場遺址打造成的明治公園內有著3座筒倉，2020年於「人氣拍照打卡景點」近代化產業遺產的票選活動中，榮獲全國第1。**P.48**

> 還有這種風景！

與自然協調的磚造筒倉

每年5月上旬～中旬會有點燈活動，能與日本最晚開的櫻花一起欣賞

三隻小豬的家

さんびきのこぶたのいえ

MAP 附錄 I-6 別海

進入大海與原生花園之間的筆直道路，便會出現3間小屋子。簡直就像是出現在童話故事中的童話風景蔚為話題。**P.42**

有如童話世界中的童話風景

> 還有這種風景！

冬天這附近一帶會呈現整片純白的景色，又會形成不同的風情

來了就要吃！ Part ❸ 美食伴手禮 ＆

知床、阿寒緊鄰鄂霍次克海及太平洋，甚至延伸到北洋一帶，可以說是海鮮的寶庫，有許多以新鮮海味製作的當地料理與知名美食，大量使用特產製成的佳餚也不容錯過！

孕育自富饒海洋與寬廣大地

鄂霍次克海為海產寶庫 海鮮料理

這裡的海產孕育自營養富饒的大海與湖泊。肉質緊實並凝聚了鮮美滋味。推薦來此品嘗當季應時的海鮮。

石狗公

道東稱為「menme」的高級魚，11月上旬～2月下旬是產季。

想要吃的話 網走 酒菜亭·喜八 P.82、羅臼 北の国から 純の番屋→P.38等

鮭魚、鮭魚卵

不同捕獲時期及成長階段的鮭魚名字也不同，例如夏天的「時不知」、秋天的「鮭兒」。

想要吃的話 宇登呂 道の駅 うとろシリエトク→P.28、羅臼 知床 羅臼 濱田商店→P.39

海膽

有名的當屬羅臼的馬糞海膽，每年1月中旬～6月是捕撈季節。

想要吃的話 羅臼 羅臼の海味 知床食堂→P.38、いさみ寿し→P.39等

扇貝

雖然鄂霍次克海及太平洋一帶都能捕到，但佐呂間湖的可是個頭大又甜。產季是6～12月。

想要吃的話 佐呂間 レストハウス華湖→P.87、釧路 和商市場→P.52等

秋刀魚

主要產自釧路及根室，8～10月捕到的秋刀魚稱為「Toro秋刀魚」，特別肥美。

想要吃的話 根室 鈴木食堂→P.48、釧路 魚政→P.55等

牡蠣

佐呂間湖產的嬌小甘甜，厚岸產的碩大飽滿，這兩種最為有名。產季是12月上旬～3月下旬。

想要吃的話 厚岸 厚岸味覚ターミナル·コンキリエ→P.47、佐呂間 レストハウス華湖→P.87等

花魚

主要產地在知床，全年都有，但5～7月的油脂最為豐富，其中又以羅臼產的較為知名。

想要吃的話 宇登呂 ウトロ漁協婦人部食堂→P.28、羅臼 羅臼の海味 知床食堂→P.38等

北海條紋蝦

棲息於鄂霍次克海沿岸，特別以野付產的最為出名。於夏、秋漁獲期間，漁協的直營店等處會販售鹽水汆燙過的北海條紋蝦。

想要吃的話 野付 野付漁協直売所 海紋 MAP附錄 H-5 等

花咲蟹

花咲蟹非常稀有，即使是北海道，也只能在北根室附近的一小塊海域才能夠捕捉到。

想要吃的話 根室 Boschetto→P.46 等

●道東的四季應時海鮮

	1月	2月	3月	4月	5月	6月	7月	8月	9月	10月	11月	12月
扇貝 (別海·佐呂間等地)												
石狗公 (網走等地)								秋刀魚 (釧路·根室)		石狗公 (網走等地)		
馬糞海膽 (羅臼)								花咲蟹 (根室)			牡蠣 (厚岸等地)	
牡蠣 (厚岸等地)				北海條紋蝦 (野付)					北海條紋蝦 (野付)			
黃線狹鱈 (羅臼)				鮭魚 (羅臼等地)					鮭魚 (羅臼等地)		黃線狹鱈 (羅臼)	

詳細介紹！

肉類料理

在當地長年受到大家喜愛的

道東有很多使用肉類烹調的出名料理。一定要吃看看受到當地喜愛、分量十足的美食餐點

北見燒肉

在北海道的都市中，燒肉餐廳對上人口，比例最高的就是北見市。主流是用七輪炭火爐來燒烤內橫膈膜、內臟等經典部位。 **想要吃的話** 北見 北見市內的燒肉餐廳

茄汁豬肉

將生的豬里肌肉裹上以番茄醬為基底的醬汁後烤製而成的一道料理。還有店家會推出高達700g令人吃驚的分量。 **想要吃的話** 別海 ポークチャップの店ロマン→P.47

鹿肉料理

在道東捕獲的蝦夷鹿，從前便以愛努民族的珍貴食材而為人熟知。近年也有很多餐廳會將其作為野味提供。 **想要吃的話** 釧路 Restaurant & Community Iomante →P.54、阿寒 民芸喫茶 ボロンノ→P.68

豬排奶油飯

薄片炸豬排盛在炒飯上，再淋上半釉醬汁，分量充足。 **想要吃的話** 根室 ニューモンブラン→P.47 等

北海道炸雞

讀作「Zangi」，做法與一般唐揚雞稍有不同，有些店還會提供沾醬搭配食用。 **想要吃的話** 釧路 鳥松→P.55

鐵板豬排麵

義大利麵配上炸豬排及滿滿的肉醬，盛在燒燙燙的鐵板上。 **想要吃的話** 釧路 レストラン泉屋総本店→P.55 等

輕鬆享用高品質餐點！

道東的迴轉壽司店

回転寿しトリトン

誕生於北見的人氣迴轉壽司店。以經濟實惠的價格提供捕獲自鄂霍次克海的優質當季美味。 北見 回転寿しトリトン 三輪店→P.90 ➔食材大塊又新鮮很受歡迎

回転寿司 なごやか亭

源自釧路的迴轉壽司美食。提供來自釧路港等道東地區的新鮮海鮮，以及來自全國各地的珍貴當季食材。 釧路 回転寿司 なごやか亭 春採店→P.55 ➔受大家歡迎的「滿溢鮭魚卵」

回転寿司根室花まる

以根室當地市場捕獲的海鮮為主，在這裡能夠輕鬆吃到整個北海道各地的當季新鮮食材。 根室 回転寿司 根室花まる 根室店→P.48 ➔鮭魚等價格經濟實惠很受歡迎

旅遊說明書 Part3 美食&伴手禮詳細介紹！

輕鬆品嚐當地的知名小吃♪ 話題公路休息站 小吃美食

公路休息站 あいおい的 小熊燒

拍下小熊形狀的紅豆餅上傳社群會廣受好評，1個200円起。 **MAP77 A-3**

公路休息站 あしょろ 銀河ホール21的 螺灣蕗霜淇淋

加了螺灣蕗果醬的名物霜淇淋，400円。 ➔P.69

道の駅 流氷街道網走的 網走ZANGI饅頭

夾入炸粉紅鮭的中華風饅頭，320円。 ➔P.84

公路休息站 ぐるっとパノラマ美幌峠的 美幌峠炸馬鈴薯

將當地產的馬鈴薯裹上原創麵衣炸出來的美幌峠名物，400円。 ➔P.71

公路休息站 摩周溫泉的 蝦夷鹿漢堡

濃郁的多蜜醬汁與無腥味的鹿肉十分對味，650円。 ➔P.74

拉麵

使用當地特產的湯頭

除了古早味的釧路拉麵之外，也推薦使用在地食材製作的當地拉麵。

弟子屈拉麵

以使用摩周湖伏流水、經長時間烹調的湯頭為基礎，並使用大量道產食材的地產地消拉麵。 **想要吃的話** 弟子屈 弟子屈ラーメン総本店→P.75

牡蠣拉麵

鋪上厚岸產牡蠣的釧路當地拉麵。雖然魚醬風味是經典，但牡蠣與味噌也非常對味。 **想要吃的話** 釧路 魚ーらーめん工房→P.55 等

釧路醬油拉麵

湯頭以柴魚為主，風味爽口。能搭配細麵並以茶泡飯的感覺享用，也很推薦小酌後來吃一碗填飽肚子。 **想要吃的話** 釧路 まるひら→P.55、魚ーらーめん工房→P.55等

9

照片為料理示意圖

乳製品

道東有多家起司工房

在酪農業興盛的道東，散布著許多起司工房，能夠逐家品嘗具有個性的起司。風味新鮮的優格和奶油也很受歡迎。

用喝的月之起司

用喝的而不是用吃的起司，相當特別，帶有甜菜糖的些許甜味與濃郁滋味。257円。

※價格有可能變動

想要買的話 瀧上 公路休息站 香りの里たきのうえ MAP 附錄 A-2

東藻琴煙燻起司

將東藻琴天然起司用獨自混合調配的木片煙燻製作，712円。

想要買的話 大空 ひがしもこと乳酪館→P.86

別海的牛乳屋

使用生乳產量以日本第一為傲的別海町生乳。保留牛乳原本的風味。

想要買的話 別海 べつかい乳業興社 MAP 附錄 H-5

莫札瑞拉起司

使用白糠町內的牧場所擠出的生乳製作。口感多汁就好像在吃牛奶一般。100g，443円起

想要買的話 白糠 チーズ工房 白糠酪惠舍→P.57

照片為料理示意圖

水產加工品

把新鮮海產加工成方便食用

殼裝松葉蟹

蟹殼裡裝著滿滿的紋別產松葉蟹肉與蟹黃。1814円。

想要買的話 紋別 紋別漁師食堂→P.92

炭烤秋刀魚丼

道東的新鮮秋刀魚用炭火烤熟，佐以蒲燒醬料調味。356円。

想要買的話 厚岸 厚岸味覺總站 Conchiglie→P.47

照片為料理示意圖

不論是用海鮮或農產品等魅力食材製作的加工品，還是展現各地特色的可愛雜貨與美妝保養品，都能讓你在家裡感受道東的美好。

珍味扇貝魚板

中間加了整顆扇貝貝柱。5個裝，2600円。

想要買的話 紋別 出塚水產→P.92

農產物加工品

匯集風味豐富的逸品！

道東也有很多孕育自富饒大地的農產品。讓人想搭配麵包一起吃的果醬、健康茶飲等，在此為大家介紹方便攜帶的產品。

蔬菜乾

使用孕育自瀧上町大地、安心安全的食材所製作的蔬菜乾。1包600円～

想要買的話 瀧上 公路休息站 香りの里たきのう MAP 附錄 A-2

藍莓果醬

使用採收自白糠町上茶路地區的完熟藍莓製作，能品嘗到食材原本的風味而廣受好評。700円。

想要買的話 白糠 公路休息站 しらぬか恋問 MAP 63 A-4

菊芋茶

將釧路市音別產的菊芋做成茶包，是無咖啡因又風味芳香的健康茶飲。3個裝（6杯份）480円

想要買的話 釧路 Restaurant & Community Iomante→P.54

紋別橄欖油香蒜料理

內有紋別松葉蟹、扇貝和章魚，以紋別的餐廳名物菜單做成的罐頭。1000円（稅另計）。

想要買的話 紋別 紋別 dining cafe quattro MAP 92

照片為料理示意圖

甜點

眾多個性豐富的名物商品！

CheeseBake

派皮使用道產小麥製作，再加上4種起司混合而成。香氣四溢的派皮裡，滿溢著濃郁的起司。「小」的1836円。

想要買的話 北見 Cake House Tinkerbell → P.90

紅色筒倉

甜度低且風味濃郁的起司蛋糕，5個裝972円。

想要買的話 北見 清月 一番街本店 MAP 90 B

從使用牧場製作的新鮮的牛乳、奶油所製作的產品，到賣力派甜點店的人氣商品、古早味銘菓，種類廣泛的商品齊聚一堂。

牛牛沙布列餅乾

使用自家牧場的牛乳，以及北海道產的奶油和小麥粉。5片裝、810円。

想要買的話 釧路 丹頂釧路機場→ P.98

自己填餡的咖啡歐蕾紅豆最中

自己動手在小牛側臉的最中餅皮內，填入咖啡蕾紅豆後享用的最中，香氣四溢的咖啡牛奶紅豆沙相當美味。5組入、1750円。

想要買的話 別海 KOUSHI SARYO → P.45

洋蔥法國麵包脆餅

以北海道的經典伴手禮「綠色北見」的洋蔥清湯調味。酸甜的風味也很適合拿來下酒。80g、702円。

想要買的話 北見 La Natureve
MAP 90 A

網走布丁

使用網走的低溫殺菌牛乳，與北海道當日現產雞蛋所製作的手工布丁。1個324円。

想要買的話 網走 Cafe & Cake 風花
MAP 附錄 E-3

雜貨

豐富的暖心療癒小物！

以鄂霍次克海的冬日景色 —— 流冰為形象設計的玻璃製品和小物相當豐富。有底座的玻璃杯（7700円）、流冰吊飾（1650円）等。

想要買的話 網走 流冰硝子館 → P.86

流冰硝子

有許多將大自然的動物和花草等主題以溫柔騰感呈現的雜貨，這也是道東的特徵之一。羅列的眾多商品不但在旅遊當地就能馬上使用，平常也非常實用。

美食&伴手禮詳細介紹！

可愛設計激增中！
道東手巾 精選商品

小熊燒 日式手巾

「公路休息站 あいおい」的知名紅豆餅「小熊燒」變身為可愛的手巾。1條1500円。（公路休息站 あいおい MAP77 A-3）

知床的日式手巾

希望大家在知床山間與大海使用而製作的日式手巾，上面描繪著知床的生物。1條1500円。（知床自然中心→P.30）

SHIRETOKO野帳

測量野帳上燙箔著動物畫家 —— 田中豐美的插畫，為知床原創設計的野帳。封面圖案有棕熊、蝦夷鹿等共9款，1本605円。

想要買的話 宇登呂 知床自然中心→ P.30

薄荷棒

從明治時代起至昭和初期期間，北海道的山間區域因種植薄荷而繁盛。現在北見市和瀧上町仍有種植薄荷，販售並製造香氣清爽的薄荷製品。

想要買的話
北見 Community Plaza Palabo → P.90
瀧上 公路休息站 香り の里たきのうえ
MAP 附錄 A-2

KUSURO的搞笑鑰匙圈

將釧路名物做成鑰匙圈。丹頂鶴、法式炸熱狗等圖案共6款，1個1000円。

想要買的話
釧路 Kushiro Fisherman's Wharf MOO → P.56

濱中 大海的恩惠 紙膠帶

上頭印有在濱中町捕獲的花咲蟹、鰈魚、北寄貝等海產插圖，1個400円。

想要買的話 濱中 霧多布濕原中心 → P.43

行前小知識

開車移動
行駛距離基本控制在1日150～300km。此外，在旅遊旺季建議要盡早預約租車。

1天1區域
想要去的區域若有增加，就多住1晚吧。建議規劃不是一直在移動的行程。

在廣～大的道東兜風！

Part 4

旅遊參考！
標準行程

前往日本最大的濕原！

知床、阿寒有豐富充實的景點和美食，享受著兜風途中的風景和輕盈飛揚的感覺，暢遊一番吧！

行程 1
玩遍主要景點！
道東王道兜風行程

一條路線帶你玩遍釧路、阿寒摩周、屈斜路、知床、網走等本書涵蓋的四大區域，由於交通時間較長，在每一區域停留時間相對較短。

第1天　釧路
釧路濕原
●くしろしつげん
在機場租車後，驅車前往「釧路市濕原觀景台」。從步道能近距離望見濕原！
→P.58　MAP 63 B-3

來去看球藻！
阿寒
阿寒湖
●あかんこ
→P.66　MAP 77 A-3
第1天住阿寒湖溫泉街。氛圍獨特的愛努Kotan以及Bokke森林的散步，都讓人沉浸其中。

走在世界自然遺產

第2天　弟子屈
摩周湖、屈斜路湖
●ましゅうこくっしゃろこ
去過摩周湖的觀景台後前往屈斜路湖畔。這2處意外地近，湖水都相當清澈且景色壯麗！
→P.70·71　MAP 77 C-2·77 B-2

親眼看見破火山口湖！

第3天　宇登呂
知床五湖
●しれとこごこ
→P.22　MAP 33 B-1
從高架木棧道盡情欣賞知床的自然美景。知床山脈非常漂亮，可能還會遇見蝦夷鹿或狐狸。

能看見北海道開拓史的背後故事
網走
博物館　網走監獄
●はくぶつかん あばしりかんごく
沿著鄂霍次克海岸行駛，前往網走。網走監獄有讓人身歷其境的臨場感，非常值得一見！
→P.80　MAP 85 A

美食選項豐富公路休息站
宇登呂
公路休息站 うとろ・シリエトク
●みちのえきうとろしりえとく
在能品嘗當季海鮮料理的餐廳享用午餐。甜點為苔桃霜淇淋！
→P.28·31　MAP 31 A

行程規劃

第3天
- 17:00 女滿別機場
- 網走監獄博物館　流冰街道網走
- 24km
- 14:00 網走
- 公路休息站 うとろ・シリエトク（在宇登呂吃午餐）
- 104km
- 知床半島遊船　知床五湖
- 9:00 宇登呂
- 19:00 宇登呂（住宿）

第2天
- 東藻琴芝櫻公園
- 美幌峠　砂湯
- 149km
- 摩周湖第三觀景台（川湯溫泉站附近吃午餐）
- 14:00 屈斜路
- 25km
- 摩周湖第一觀景台
- 12:00 摩周　「Ikor」
- 阿寒湖愛努戲院　阿寒觀光汽船
- 49km
- 9:00 阿寒湖
- 阿寒湖（住宿）

第1天
- 15:00 阿寒湖
- 阿寒國際鶴中心 [GRUS]
- Farm Restaurant（午餐）
- 66km
- 10:30 釧路濕原
- 16km
- 10:00 丹頂釧路機場

地圖標示：鄂霍次克海、女滿別機場、網走、宇登呂、国後島、羅臼、北見、大空、美幌、屈斜路、摩周、川湯、標茶、根室、阿寒湖、釧路濕原、丹頂釧路機場、釧路、阿寒、納沙布岬、厚岸、霧多布、太平洋

位於湖與海之間 夏天才有的樂園

行程 2

好好享受世界自然遺產

知床半島 繞一周 兜風行程

知床半島的宇登呂及羅臼的深度之旅，包含在宇登呂搭船欣賞美麗的風景與棕熊的身影，以及在羅臼坐船出海尋找鯨豚，兩邊的船都能搭到。

能望見鄂霍次克海和原生花園的自然寶庫！呈現在丘陵地上的花田美不勝收！

MAP 附錄F-3

小清水 ➡ P.85 第1天

網走国定公園 小清水原生花園
● あばしりこくていこうえんこしみずげんせいかえん

透過健行享受知床的自然環境

第2天

宇登呂
Furepe瀑布
● ふれぺのたき
➡ P.30 MAP 33 A-2

從知床自然中心走進森林約1km左右，前往Furepe瀑布。觀景台是絕佳的攝影景

絕美的蜿蜒曲折之路

宇登呂 羅臼
知床橫斷道路
● しれとこおうだんどうろ

從宇登呂經過知床峠前往羅臼。天氣好的話能清楚看見羅臼岳。

MAP 33 B-2

旅遊説明書 Part4 標準行程

散布在原始森林中的湖泊

宇登呂
知床五湖
● しれとこごこ
P.22 MAP 33 B-1

參加導覽旅遊行程，在地面步道上散步。一邊感受野生環境的氣息，遊覽神祕的5座湖泊。

能遇見鯨魚和虎鯨

羅臼 第3天
賞鯨豚
● ほえーるうぉっちんぐ
P.34 MAP 40 B

為了見到虎鯨和鯨魚而參加遊船活動。能近距離看見虎鯨和海鳥，令人感動！

一整年都能摸到流冰

網走
鄂霍次克流冰館
● おほーつくりゅうひょうかん

就算在夏天也能摸到流冰的鄂霍次克流冰館，體驗-15℃的世界！流冰霜淇淋也好好吃！

➡ P.81 MAP 85 A

羅臼の絕品ウニを味わう

➡ P.38 MAP 40 B

羅臼
羅臼の海味 知床食堂
● らうすのうみあじしれとこしょくどう

在羅臼的公路休息站內食堂吃午餐。奢侈地鋪上風味濃郁的蝦夷馬糞海膽，來品嘗這味丼飯吧。

鄂霍次克海 | 網走 宇登呂 | 斜里 羅臼 | 小清水 | 国後島
北見 女満別機場 美幌 | 屈斜路湖 中標津 | 中標津機場 根室 | 根室湾 | 納沙布岬
釧路 阿寒湖 | 摩周湖 | 釧路機場 | 丹頂 | 太平洋 | 厚岸

行程規劃

第3天						第2天					第1天			
18:00		15:30		9:00		9:00	18:00		12:30		9:30		9:00	
女満別機場	20km	網走	124km	羅臼	羅臼	宇登呂	宇登呂	15km	宇登呂	64km	小清水	30km	女満別機場	

女満別機場 ←20km← 鄂霍次克流冰館 或博物館 網走監獄 ←124km← 羅臼的海味 知床食堂 (在羅臼吃午餐) ←9:00 賞鯨豚 ← 羅臼 ← 知床橫斷道路 ←33km← Furepe瀑布 公路休息站 うとろ・シリエトク (在宇登呂吃午餐) ← 知床半島遊船 ← 宇登呂 ← 知床自然中心 ←15km← 知床五湖 ←64km← 小清水原生花園 斜里工房しれとこ屋吃午餐 (在斜里吃午餐) ← 小清水～斜里 ←30km← 女満別機場

住宿 住宿

絕品美食兜風行程

行程 3

目標是位在最盡頭的根室和野付

遊繞道東南部區域一周，享受名物美食的行程。濕原、草原、大海相連綿延，光是開車兜風也很享受的行程。

前往有如疏林草原區的草原

釧路
釧路濕原
●くしろしつげん

前往能看見釧路川和濕原景色的細岡觀景台，寧靜寬廣的景色能洗滌心靈。

→P.58　MAP 63 B-3

原創海鮮丼飯！

第1天

釧路
和商市場
●わしょういちば

挑戰能挑選喜歡食材做出原創海鮮丼飯的「勝手丼」，吃到各式各樣的食材令人好滿足！

→P.52　MAP 56

挖掘沙灘就會湧出溫泉！

弟子屈
砂湯 ●すなゆ

前往屈斜路湖畔，來往去只要挖掘沙灘就能自製露天浴池的砂湯。足湯也好舒服。

→P.74　MAP 77 B-2

弟子屈
摩周湖第一觀景台
●ましゅうこだいいちてんぼうだい

第2天

觀景台能看見格外美麗的景色

在被稱作摩周藍，呈現鮮明鈷藍色的摩周湖，拍下好多紀念照！品嘗摩周湖神威露臺的霜淇淋，稍微休息一下。

→P.70　MAP 77 C-3

前往日本的邊緣地帶

第3天

根室
納沙布岬
●のさっぷみさき

→P.48　MAP 48

位在北海道最東端，前往日本的邊緣地帶。天氣好的話能看見北方領土。

午餐吃牡蠣料理！

厚岸
厚岸味覺總站
Conchiglie
●あっけしみかくたーみなるこんきりえ

→P.47　MAP 附錄G-7

在厚岸能一整年都吃到牡蠣！這裡有超級多經濟實惠的牡蠣料理，讓人眼花撩亂。

別海
椴原 ●とどわら

→P.42　MAP 附錄I-4

前往野付半島。在荒涼之中有著獨特的植被，是比想像中更加自然豐富的地方！

年年不斷風化的景色

行程規劃

鄂霍次克海 サロマ湖
川湯溫泉
屈斜路 摩周
北見
阿寒湖
釧路濕原 釧路
中標津 標津 野付
濱中
厚岸 根室
丹頂釧路機場

第3天						第2天					第1天		
17:00	14:00	9:00	18:00	14:00	11:00	8:30	17:00	15:00	12:30	10:30	10:00		
丹頂釧路機場	厚岸	根室～濱中	根室	野付	中標津	摩周	川湯溫泉	釧路	釧路	釧路	丹頂釧路機場		

66km 厚岸味覺總站Conchiglie
138km 納沙布岬 霧多布濕原
103km 野付半島自然中心
48km 開陽台（在中標津吃午餐）
67km 摩周湖第一觀景台 多和平
17km 川湯溫泉 砂湯 硫磺山
14km 屈斜路
83km 細岡觀景台 釧路濕原
25km 和商市場（在釧路吃午餐）
20km

住宿　住宿

四季旅遊重點

確認慶典活動、氣候、服裝!

範圍廣闊的道東,會依區域而異,因此服裝一定要做好萬全準備。特徵是氣候冷熱

當季美食&觀光重點	活動	氣候·服裝	氣溫·降雨量	月

當季美食&觀光重點

- 扇貝(佐呂間等地)3~12月
- 馬糞海膽(羅臼等地)1月中旬~6月
- 毛蟹(網走等地)3~8月
- 芝櫻(網走等地)5月上旬~6月上旬
- 鮭魚(羅臼等地)5~7月
- 花咲蟹(根室)7~9月
- 秋刀魚(釧路、根室)9~10月
- 珊瑚草(網走等地)9月
- 牡蠣 9月~11月上旬
- 牡蠣(厚岸等地)年中
- 石狗公(網走等地)11月~2月
- 流冰(網走等地)1月下旬~3月
- 扇貝
- 虎頭海鵰·白尾海鵰(羅臼等地)2月上旬~3月中旬
- 毛蟹
- 馬糞海膽

活動

知床橫斷道路開通
期間 需洽詢
洽詢處 0152-22-2125(知床斜里町觀光協會)
↑歷年約於4月下旬開通(視情況變動)。

東藻琴芝櫻祭
期間 5月3日~5月31日
地點 東藻琴芝櫻公園
洽詢處 0152-66-3111(東藻琴芝櫻公園管理公社)
↑淺粉色的芝櫻染紅了丘陵斜坡。

知床節
期間 6月17·18日(預定)
地點 羅臼漁港
洽詢處 0153-87-2126(羅臼町產業創生課)
↑展售海鮮食品及炭烤海鮮的攤位最受歡迎。有現場表演。

紋別港祭
期間 7月21~23日(預定)
地點 舊紋別站前步行者天國
洽詢處 0158-24-3900(紋別觀光服務處)
↑有上百家攤位,及各式各樣的活動。

中標津夏祭
期間 8月12~13日 地點 中標津町綜合文化會館ふるさと廣場
洽詢處 0153-73-3111(主辦單位)
↑日本第一多的6000個燈籠為最大看點

釧路大漁donpaku
期間 10月14·15日
地點 釧路市觀光國際交流中心等
洽詢處 0154-31-1993(釧路觀光會議協會)
↑釧路市規模最大的活動,以煙火、五花八門的攤位而知名。

厚岸牡蠣祭
期間 10月7日~10月15日
地點 子野日公園
洽詢處 0153-52-3131(厚岸町公所內 厚岸觀光協會)
↑可嚐到炭烤牡蠣、秋刀魚、扇貝等美食。

阿寒湖蒸氣霧
期間 11~12月
地點 阿寒湖
洽詢處 0154-67-3200(阿寒觀光協會)
↑能於湖面結冰前見到的夢幻光景

冬之風物詩 丹頂鶴
期間 11~3月
地點 鶴見台
洽詢處 0154-64-2050(鶴居村商工觀光係)
↑每年約200隻丹頂鶴飛來覓食。一天餵一次飼料。

納沙布岬 初日詣
期間 1月1日
地點 納沙布岬
洽詢處 0153-24-3104(主辦單位)
↑根室太鼓保存會預計會於元旦舉行鄉土藝能表演並發放紀念繪馬(數量限定)。

然別湖kotan
期間 1月下旬~3月上旬
地點 然別湖畔
洽詢處 0156-69-8181(然別湖ネイチャーセンター)
↑能欣賞絕景的冰上露天浴池。

Ice Land阿寒
期間 1~3月(視冰況而變動)
地點 阿寒湖面上
洽詢處 0154-67-2057(Ice Land阿寒)
↑在結冰湖面上的休閒園地。推薦有趣的香蕉船。

氣候·服裝

氣候 鄂霍次克海一帶(網走、宇登呂周邊)
4月底開始的焚風現象讓氣溫快速抬升,偶爾會熱得像夏天,卻又下起雨來讓氣溫驟降,這個季節的溫度變化很大。
太平洋一帶(釧路周邊)
晴天、雨天多會輪流出現,有時甚至還會下起雪來。進入6月之後白天開始暖起來,釧路濕原也開始染上綠意。

服裝 4~5月每日的溫度變化劇烈,有時會很冷,一定要帶能擋風的外套。4月雪融的時候地上容易積水,最好穿防水的鞋子才方便行動。

氣候 鄂霍次克海一帶(網走、宇登呂周邊)
鄂霍次克海的冷高氣壓力量轉弱,7月中左右開始進入夏天,宇登呂、紋別等沿海地帶還會出現焚風現象,晚上甚至會熱到25度C以上。
太平洋一帶(釧路周邊)
釧路進入海霧季節,起霧的日子會變多,不過高溫的日子不多,整體來說是很涼爽宜人的夏天。

服裝 常常早晚會涼,所以一定要帶一件針織外套等衣物。到八月中之前大部分的白天穿短袖就夠了。

氣候 鄂霍次克海一帶(網走、宇登呂周邊)
9月開始秋風帶來涼意,初秋天氣變化大,但9月下旬~10月比較容易有好天氣,10月底~11月上旬可能就會下起初雪。
太平洋一帶(釧路周邊)
初秋的氣溫涼得剛剛好,但也常下雨。等紅葉掉落了之後,就會迎來第一場雪或霜,冬天的腳步也不遠了。

服裝 9月~10月上旬要準備防風保暖的外套。10月下旬~11月可能會下雪,最好帶著冬天的衣服。

氣候 鄂霍次克海一帶(網走、宇登呂周邊)
進入12月後就會維持積雪狀態,鄂霍次克海從1月中旬開始會出現流冰,2月流冰會接岸。2月雖然常常放晴,但內陸地區每天都在零度以下。
太平洋一帶(釧路周邊)
雖然天氣很冷,但日照充足,常常是好天氣。負20~25度的清晨,海面或河面上可能會出現大量白色的水蒸氣「蒸氣霧」。

服裝 防風的大衣搭配洋蔥式穿衣法。最保暖的大衣就是羽絨外套,最好擁有能在雪地上方便行走的雪靴。

氣溫·降雨量

月	城市	平均氣溫	降水量
4月	東京	14.3℃	133.7mm
	宇登呂	4.0℃	98.2mm
	釧路	4.0℃	79.4mm
5月	東京	18.8℃	139.7mm
	宇登呂	9.8℃	104.6mm
	釧路	8.6℃	115.7mm
6月	東京	21.9℃	167.8mm
	宇登呂	13.5℃	84.2mm
	釧路	12.2℃	114.2mm
7月	東京	25.7℃	156.2mm
	宇登呂	17.3℃	101.2mm
	釧路	16.1℃	120.3mm
8月	東京	26.9℃	154.7mm
	宇登呂	18.8℃	132.5mm
	釧路	18.2℃	142.3mm
9月	東京	23.3℃	224.9mm
	宇登呂	15.6℃	143.5mm
	釧路	16.5℃	153.0mm
10月	東京	18.0℃	234.8mm
	宇登呂	10.1℃	130.1mm
	釧路	11.0℃	112.7mm
11月	東京	12.5℃	96.3mm
	宇登呂	3.7℃	105.5mm
	釧路	4.7℃	64.7mm
12月	東京	7.7℃	57.9mm
	宇登呂	-2.4℃	112.7mm
	釧路	-1.9℃	56.6mm
1月	東京	5.4℃	59.7mm
	宇登呂	-5.3℃	76.9mm
	釧路	-4.8℃	40.4mm
2月	東京	6.1℃	56.5mm
	宇登呂	-6.0℃	54.9mm
	釧路	-4.3℃	24.8mm
3月	東京	9.4℃	116.0mm
	宇登呂	-2.0℃	72.2mm
	釧路	-0.4℃	55.9mm

※氣溫&降雨量的資料為1991~2020年的平均值(日本氣象廳)。※活動的日期和內容可能會變動,出發前請務必先行確認。

最新資訊

讓旅行更加充實！ Part ⑥

推薦大家也去看看新設施和矚目景點吧！
知床、阿寒區域的最新話題全在這裡。

☝店內陳列著當地的加工品和鄂霍次克區域的精選商品
☝STAG原創咖啡400円（STAG COFFEE）

➡美幌和牛洋蔥咖哩1050円（海空のハル）

➡美幌峠炸馬鈴薯400円（海空のハル外帶區）

美幌 みちのえきぐるっとぱのらまびほろとうげ

公路休息站 ぐるっとパノラマ美幌峠 ➡P.71 MAP 77 B-2

2022.4.21 改裝開幕

美幌峠的公路休息站煥然一新！

擁有豐富的美食與伴手禮！

將「屈斜路湖」一覽無遺的美幌峠公路休息站，設施全面翻新。裡面設有講求販售當地食材的商店、餐廳和外帶區。

☝「流冰海中實況」能盡情享受夢幻的流冰世界

2023.1.20 改裝開幕

鄂霍次克流冰館改裝開幕！

讓來客能更進一步享受流冰的世界！

新設置的「流冰海中實況」會將流冰下的海中影像與真實生物的疊加影像，投影在牆面上，能實際體驗有如跟著水中攝影師一同潛入海底般的臨場感。

網走 おほーつくりゅうひょうかん

鄂霍次克流冰館 ➡P.81 MAP 85 A

在入口處能拍出有如站在流冰上的照片

鶴居 ぶらっすりーのっとしょっぷ こうじょうへいせつちょくばいじょ

Brasserie Knot Shop 工場附設直賣所

☎非公開 MAP 63 A-1

🕐12:00~15:00（週六日、假日為11:00~16:00）❌不定休 🚉鶴居村茂雪裡茂鶴居村茂雪裡69-8 JR釧路站車程50分 🅿30輛（冬季為10輛）

☝從鶴居村連同手工精釀啤酒一起宣傳各式各樣的文化

©﨑一馬

改造廢棄校舍而成的手工精釀酒造廠「Brasserie Knot」。除了能在直營賣場購買啤酒之外，還能參觀釀造過程。

2022.11.26 開幕

位在鶴居村的手工精釀啤酒釀造廠引人注目！

活用鶴居的自然釀造啤酒

WIND

FLOWER

DOTO

BIRD

MOON

➡除了旗艦啤酒「FLOWER」之外，還有季節限定的啤酒
©﨑一馬

足寄 ゆーびーあいおんねとー

UPI ONNETO

☎0156-28-0115

🕐6~10月的10:00~17:00 ❌期間中無休 🚉足寄町茂足寄 オンネトー国設野營場內 阿寒湖溫泉街車程25分 🅿80輛 MAP 77 A-4

☝旁邊便是戶外活動的據點

宣傳推廣五色沼及其周邊自然與文化魅力的設施。位於「五色沼国設野營場」旁，除了有處理露營區事務的功能之外，還有在販售戶外衣著和戶外商品。

2022.6.1 開幕

五色沼新據點

位於神祕湖畔旁的時尚休憩所

☝船身包覆著厚實的鋁板，能靠近流冰航行

☝其特徵是染上翡翠綠的船身

營運大型船隻「極光號」的東道觀光開發，打造了新的小型船隻「極光3號」。還搭載水中無人機，在船內也能看見海中的流冰影像。冬季的流冰遊覽船會使用水中無人機。

2023.1 啟航

極光3號啟航！

嶄新的小型觀光船誕生！ ➡P.25・93

べーかりーかふぇあんどばーばるでぱん
Bakery Cafe&Bar BAR DE PAN
能品嚐鹹麵包和甜點的複合式麵包咖啡店＆酒吧。晚餐時段也有豐富的餐點能和啤酒、葡萄酒一同享用。

☎0154-65-5510 **MAP** 69

🕐11:00～14:00、18:00～21:00 休不定休 所釧路市阿寒町阿寒湖温泉1-6-1 阿寒の森 鶴雅リゾート花ゆう香1F ㊙阿寒湖巴士中心步行4分 P無

↑店裡有著咖啡廳＆酒吧風格的洗鍊氛圍

あかんこまりもあしゆうれかりぶ
阿寒湖まりも足湯「ウレ・カリプ」
三角屋頂為標記的足湯。這裡還有Wi-Fi可用，在愛努Kotan和BOKKE步道散步後，能在觀光的空檔之間輕鬆地順道前來。

MAP 69

🕐自由使用 所釧路市阿寒町阿寒湖温泉1-4-25 ㊙阿寒湖巴士中心步行5分 P無

2022.4.15 開幕

↑除了足湯之外，旁邊還有手湯，能輕鬆享受阿寒湖温泉

あかんあーとぎゃらりーあんどあーとぎふとしょっぷ
Akan Art Gallerly & Art Gift Shop
從藝術角度享受北海道的自然與文化。展示並販售以攝影家——安藤誠作品為主的照片和當地藝術家的作品。

☎0154-64-7751 **MAP** 69

🕐9:00～17:00 休無休 ¥免費入館（2樓藝廊為500円） 所釧路市阿寒町阿寒湖温泉4-5-7 ㊙阿寒湖巴士中心步行9分 P無

2022.4.29 開幕

↑2樓藝廊僅提供大人一杯飲品。能在此度過接觸藝術的一段時光

2022.4 開幕

阿寒湖温泉街新設施相繼開幕！

溫泉街好玩好逛的地方變多了！在Akan Art Gallerly，能從藝術角度享受北海道的自然與文化。和時尚咖啡廳享受阿寒湖觀光樂趣吧！

えるていくあうとどりんくしょっぷ
ERU Takeout Drink Shop
開在「公路休息站 知床らうす（P.40）」後面的外帶店。販售虎鯨造型的雞蛋糕等。

MAP 40 B

🕐4月下旬～10月中旬的11:00～17:00 休不定休 所羅臼町本町361-1 道の駅 知床・らうす裏手 ㊙阿寒巴士羅臼本町即到 P10輛

2022.7.27 開幕

虎鯨雞蛋糕10個裝 300円

似乎會成為羅臼新名物的甜點，變得更好玩了！

みんしゅくまるみしょくどう
民宿まるみ食堂
長期受到大家喜愛的當地食堂，外觀與內部裝潢後重新開幕。在這裡能品嚐到使用羅臼產海鮮所料理的餐點。

☎0153-85-7660 **MAP** 33 B-3

🕐10:00～15:00 休不定休 所羅臼町麻布町27 ㊙阿寒巴士麻布福祉會館步行5分 P30輛

2022.10 改裝開幕

住宿為1泊附2食8800円～，當然也可以僅來用餐

最適合在觀光途中休息的地方！
羅臼的新美食景點
似乎會成為羅臼新名物的甜點、重新復活的老字號食堂等，讓羅臼變得更好玩了！

充滿自然氛圍的咖啡廳。使用生乳產量為日本第一的別海町乳製品製作甜點和輕食，配上講究的茶飲一同享用。

↑使用別海產奶油所製作的奶油銅鑼燒430円

別海 こうしさりょう
KOUSHI SARYO
➡P.45 **MAP** 附錄 H-5

↑焙茶拿鐵、抹茶拿鐵各500円。滿滿別海產的牛乳

2021.11.12 開幕

別海超棒的咖啡廳蔚為話題！

可愛的酪農甜點

↓根據集章數量還能獲得原創的TOKOSAN商品

←首先買本「SHIRETOKO TRAVEL BOOK」

斜里 しれとことこさんすたんぶらりー
知床TOKOSAN集章活動
在伴手禮店或住宿設施等參加本活動的設施，收集TOKOSAN印章的活動。2023年5月13日～7月9日、9月1日～10月31日舉辦。

☎0152-26-9970（一般社団法人知床しゃり）
🌐https://www.shiretokostamp.com/

川湯温泉 かわゆおんせんてぬぐいまっぷ
川湯温泉日式手巾MAP
遊覽描繪在「川湯温泉日式手巾MAP」上的10處温泉設施，能開心享受温泉＆集章活動。

☎015-482-2200（摩周湖觀光協會）
↓日式手巾在「公路休息站 摩周温泉（P.74）」等處販售

↑以川湯動植物為形象設計的印章非常可愛

能快樂暢遊觀光景點
集章活動好有趣！
於斜里、川湯温泉兩處實施的2種集章活動。由於集章冊和日式手巾時尚又可愛，似乎可以當作旅遊的紀念品。

能享受源泉放流的温泉＆木桶造型三温暖的温泉飯店在鶴居村開幕啦！除了住宿之外，也能不住宿泡湯，因此可順路前往看看。

↑能享受到以滾筒形狀為特色的木桶造型三温暖
↓位於道道53號旁的時尚温泉飯店

鶴居 つるいむらしつげんおんせんほてる
つるいむら湿原温泉ホテル ➡P.97 **MAP** 63 B-2

高級的優質療癒住宿
つるいむら湿原温泉ホテル開幕！

盡情享受斜里超棒的 咖啡廳和美景
前往暖心慢遊之旅
~北海道斜里町~

◐用自製披薩窯烤出來的披薩很受歡迎 ◐照片是鋪上店家自製煙燻鮭魚的當季披薩1500円

位在海別岳山麓，處於自然之中的獨棟咖啡廳

A 陶房café こひきや

這家咖啡廳附設於使用北海道土壤製作器皿的斜里窯內。料理裝盛在充滿溫度的器皿上，每道都大量使用了當地的食材。經營此店的中村夫婦，個性也充滿魅力。

斜里町內有著登錄為世界自然遺產的知床半島。在這裡不僅能享受充滿魅力的雄偉自然風景，還有很多充滿個性的超棒咖啡廳值得一訪。

改建陶藝工房建築而成的獨棟咖啡廳，以及使用斜里產馬鈴薯製作的廣受好評的咖啡廳等，在這裡散布著能享受斜里町特有地點和料理的店家。

此外，店裡人們溫和親切的態度也是其魅力所在。要不要來試著享受與人們溫馨交流互動，悠閒自在地兜風漫遊呢？

ヒミツキチこひつじ
ひみつきちこひつじ
不定期營業的社區咖啡廳

麵包店、烏龍麵＆日式甜品店、飯糰店等每天有不同的店家會在此營業。在店內還能觀看由流氷文庫シリエトク挑選出來的書籍。

☎090-6255-6419（店長手機）
🕐11:00～18:00（烏龍麵的L.O.為15:00），售完打烊　休週一、二、四、五（此外有不定休）　所斜里町本町32-7　MAP附錄H-1

◐使用當季食材製作的烏龍麵，最適合當午餐吃

◐「メーメーベーカリー」以小和田小姐為主營運

◐種類豐富的柴窯麵包非常受歡迎

Heaven cafe -Shiretoko Shari-
ヘブンカフェシレトコシャリ
位在通天道附近的可愛店家

販售使用自家工廠加工製作的鹿肉而成的漢堡等餐點。

☎0152-23-6633（知床ジャニー）
🕐2月上旬～11月中旬的10:00～17:00　休期間中無休　所斜里町朱円東55　MAP附錄G-3

◐雙層蝦夷鹿起司漢堡900円

◐霜淇淋（＋裝飾甜筒）450円

◐店內也有販售伴手禮

推薦！順道一遊景點

遊覽斜里町的方法

推薦大家來趟兜風之旅，在世界自然遺產－宇登呂安排3天2夜的旅程，體驗自然與絕景，並享受斜里町周邊的咖啡廳和景色。開車雖然相當方便，不過宇登呂會視時期而有進行私家車交通管制的路段，因此需事先確認。

🚌巴士
所需時間 約2小時
單程 2100～3300円

🚗開車
所需時間 1小時30分

女滿別機場	女滿別機場
斜里巴士「知床AIRPORT LINER」約1小時22分／2100円	約52km
斜里巴士總站	斜里市區
斜里巴士「知床AIRPORT LINER」約44分／1650円	約38km
公路休息站 うとろ・シリエトク	宇登呂溫泉

18

A 陶房café こひきや
とうぼうカフェこひきや

☎0152-28-2123 　🕐11:00〜16:30（週日為13:00〜16:30）
休週二、三（窯燒旺季有臨時公休）　所斜里町峰浜110
MAP 附錄 G-3

B Bon's HOME
ぼんずほーむ

☎0152-24-2271　🕐2〜11月中旬的11:30〜16:00左右（有可能提早打烊）
休不定休　所斜里町ウトロ東217
MAP 31 A

C 來運之水
らいうんのみず

☎0152-22-2125（知床斜里町観光協会）　🕐自由參觀　所斜里町来運
MAP 附錄 F-3

D 知床峠
しれとことうげ

☎0152-22-2125（知床斜里町観光協会）　🕐4月下旬〜11月上旬（知床橫斷道路開通期間）自由參觀
所斜里町知床国立公園内
MAP 33 B-2

E 舊國鐵根北線越川橋梁
きゅうこくてつこんぽくせんこしかわきょうりょう

☎0152-23-3131（斜里町商工観光課）　🕐自由參觀
所斜里町越川245-8
MAP 附錄 G-3

夜晚滿天星斗呈現眼前　變身成天然的天文館！

D 知床峠

位於銜接斜里町和羅臼町的知床橫斷道路最高處，海拔738m的山嶺。夜晚附近沒有光害，因此天氣好時能望見滿天的星空。

傳達當時土知床峠木技術的水泥拱橋

E 舊國鐵根北線越川橋梁

長147m，最高離地21.6m的10連拱橋。當初為根北線的一部分而建造的，最後未能完工。為國家的有形文化財。

製作的絕品布丁　使用斜里產馬鈴薯

B Bon's HOME

使用熟成6個月以上的馬鈴薯所製作的料理廣受好評。「馬鈴薯布丁（520円）」能享受到滑順的口感和馬鈴薯的香甜滋味。

湧出斜里岳伏流水的森林能量景點

C 來運之水

湧出斜里岳伏流水的名水景點。據說引用此水便會因「時來運轉而願望成真」，從遠方來此一訪的人們也不斷增加。

透過**故鄉稅**應援！

斜里町正致力於這樣的事情

由於年輕人口外流，日本政府為了提升當地稅務與振興經濟，透過故鄉稅制度，除了可以減稅，還能挑選自己想要的禮品、當地特產等。斜里町故鄉稅該款項將會活用於「綠色基金（自然保護）」、「知床基金（產業振興）」等8種項目之中。

北海道知床產醬油醃鮭魚卵＆鮭魚親子丼套餐
捐款金額：11000円
有醬油醃斜里產鮭魚卵，以及冰凍鮭魚生魚片和魚卵淋上調味醬汁的鮭魚親子漬物。

「知床大地的香氣」胡蘿蔔汁30罐
捐款金額：10000円
僅使用斜里產的胡蘿蔔、檸檬汁製作的果汁。能感受到胡蘿蔔天然的香甜滋味，是非常容易入口的果汁。

知床TOKOSAN旅遊隨行杯350ml X1個
捐款金額：13000円
上面有知床TOKOSAN插圖的隨行杯。平常使用或戶外活動時隨身攜帶。

申請方式
・連結至斜里町的故鄉納稅制度網站
・移動至連結中的入口網站
・申請對應捐款金額的回禮商品
・如需申請抵扣稅金扣除額，則需依規辦理手續

公路休息站 しゃり
みちのえきしゃり

前往來運之水之前建議順道一去

位於斜里町市區的公路休息站。販售汲取「來運之水」用的寶特瓶、來運之水相關的鑰匙圈和繪馬等。

☎0152-26-8888　🕐9:00〜19:00
休無休　所斜里町本町7
MAP 附錄 H-1

⬅館內展示著「知床斜里睡魔祭」的花車

➡來運之水寶特瓶500円。附瓶子徽章和籤

斜里工房しれとこ屋
しゃりこうぼうしれとこや

匯集知床名物的複合式商店

位在「公路休息站 しゃり」旁的伴手禮＆美食景點，內有3間商店和1家餐廳。

☎0152-23-6835
🕐商店9:00〜18:00（有可能變動）、餐廳11:00〜14:45、17:00〜19:45（視店鋪而異）
休視店鋪而異　所斜里町港町1
MAP 附錄 G-1

➡TOKOSAN貼紙各330円（野尻正武商店）

➡來運饅頭880円（長太農場知床精米所＆おみやげ処シャリシレ）

➡拉麵套餐1350円（知床くまうし）

➡最適合在這裡找伴手禮跟用餐

※以上刊載內容為2023年2月之資訊。回禮禮品會依捐款金額而有變動，並且可能會有告罄或停止受理的情況。

知床(宇登呂)

若想要深入享受的知床自然風光！
自然體驗行程 →P.26

如果想要更進一步深入了解珍貴的知床自然環境，推薦可參加有當地導遊同行的旅遊行程。當地導遊會用淺顯易懂的方式解說知床自然環境的形成、動植物等知識。

鯨魚種類之多 傲視全球
賞鯨豚 知床(羅臼) →P.34

根室海峽介於知床半島及北方領土之間，聚集了許多不同種類的鯨魚，最受歡迎的是抹香鯨，下潛之前大大的尾巴會浮出水面，相當震撼。

地面步道及高架木道樂趣皆不同
知床五湖散步 知床(宇登呂) →P.22

散布在原始森林裡的五個湖泊，有兩條參觀步道，地面步道的參觀規定隨季節而有所不同，高架木道則只要是開放期間都可以隨意參觀。推薦可以更親近大自然的地面步道。

超人氣 必看景點 BEST 3

出發之前先掌握好區域概要！

前往世界自然遺產
探索原始的大自然

知床 しれとこ
一目了然導覽

快速認識知床

知床半島蝦夷松、椴松生長茂密，還有包括瀕危物種在內的野生動物棲息。面鄂霍次克海及根室海峽，鮭魚及石狗公等漁獲量豐富。

用當地特產的肥厚扇貝做成漢堡

別海

別海牛奶＆別海扇貝漢堡 →P.45

有日本產量第一的牛奶及野付產扇貝的新當地美食。牛奶一杯竟有500ml，配上碩大飽滿的扇貝，分量十足。在全日本當地漢堡美食比賽中創下兩次奪得冠軍的佳績。

體型大、肉多、油脂豐富
花魚 知床 →P.28

別的地方的花魚都比不上知床的肥美，尤其羅臼的最出名，做成一夜干表面會有一層薄膜鎖住美味精華。

必吃！ 名產美食 BEST 3

知床最具代表性的魚種，吃法五花八門

鮭魚美食 知床 →P.28

隨著捕獲時節不同，鮭魚也分成「秋鮭」、「鮭兒」、「時不知」等不同名字，可以做成海鮮丼、鏘鏘燒、火鍋等多種料理。

宇登呂的矚目景點
宇登呂鮭魚露臺

斜里町的鮭魚漁獲量為日本第一。每年9月中旬～11月中旬以定置漁網捕獲的鮭魚會在宇登呂港卸貨，能在位於宇登呂漁港2樓的「宇登呂鮭魚露臺」看見漁船進港卸貨的情況。最佳觀賞時段為7～10時左右。

期間：9月中旬～11月中旬
費用：免費　洽詢：0152-26-8374（斜里町役場水產林務課）
MAP 31 A

知床
一目了然導覽

P.20
釧路 釧路濕原
P.50
阿寒 摩周 屈斜路
P.64
網走
P.78
旅遊便利資訊
P.94

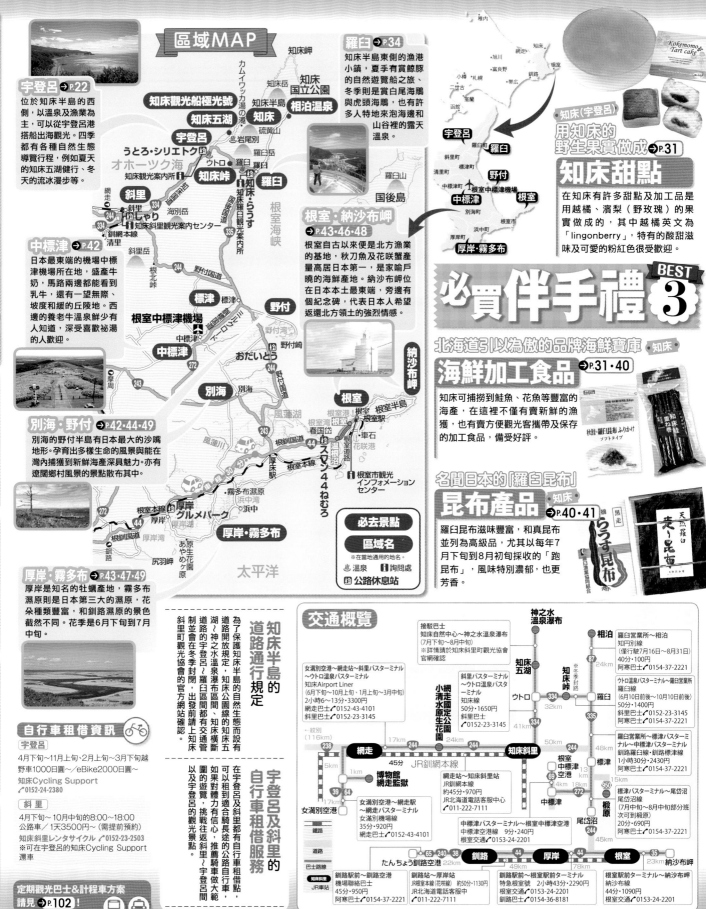

區域MAP

宇登呂 →P.22
位於知床半島的西側，以溫泉及漁業為主，可以從宇登呂港搭船出海觀光。四季都有各種自然生態導覽行程，例如夏天的知床五湖健行、冬天的流冰漫步等。

中標津 →P.42
日本最東端的機場中標津機場所在地，盛產牛奶，馬路兩邊都能看到乳牛，還有一望無際、坡度和丘陵地。西邊的養老牛溫泉鮮少有人知道，深受喜歡祕湯的人歡迎。

別海·野付 →P.42·44·49
別海的野付半島有日本最大的沙嘴地形。孕育出多樣生命的風景與能在灣內捕獲到新鮮海產深具魅力。亦有遼闊鄉村風景的景點散布其中。

厚岸·霧多布 →P.43·47·49
厚岸是知名的牡蠣產地，霧多布濕原則是日本第三大的濕原，花朵種類豐富，和釧路濕原的景色截然不同。花季是6月下旬到7月中旬。

羅臼 →P.34
知床半島東側的漁港小鎮，夏季有賞鯨豚的自然遊覽船之旅、冬季則是賞虎尾海鵰與虎頭海鵰，也有許多人特地來泡海邊和山谷裡的露天溫泉。

根室·納沙布岬 →P.43·46·48
根室自古以來便是北方漁業的基地，秋刀魚及花咲蟹產量高居日本第一，是家喻戶曉的海鮮產地。納沙布岬位在日本本土最東端，旁邊有個紀念碑，代表日本人希望返還北方領土的強烈情感。

必去景點
區域名
※在當地通用的地名。

溫泉
詢問處
公路休息站

用知床的
野生果實做成 →P.31
知床甜點
在知床有許多甜點及加工品是用越橘、濱梨（野玫瑰）的果實做成的，其中越橘英文為「lingonberry」，特有的酸甜滋味及可愛的粉紅色很受歡迎。

必買伴手禮 BEST 3

北海道引以為傲的品牌海鮮寶庫 知床
海鮮加工食品 →P.31·40
知床可捕撈到鮭魚、花魚等豐富的海產，在這裡不僅有賣新鮮的漁獲，也有賣方便觀光客攜帶及保存的加工食品，備受好評。

名聞日本的「羅臼昆布」
昆布產品 →P.40·41
羅臼昆布滋味豐富，和真昆布並列為高級品，尤其以每年7月下旬到8月初旬採收的「跑昆布」，風味特別濃郁，也更芳香。

旅遊便利資訊

道路通行規定
為了保護知床半島的自然生態而設有道路開放規定，知床公園線的知床五湖～神之水溫泉瀑布區間、知床橫斷道路的宇登呂～羅臼區間都有交通管制並會在冬季封閉，出發前請上知床斜里町觀光協會的官方網站確認。

宇登呂及斜里的自行車租借服務
在宇登呂及斜里都有自行車租借點，可以租到適合這段長途的公路自行車，如果對體力有信心，推薦騎車做大範圍的遊覽，挑戰往返斜里～宇登呂間以及宇登呂的觀光景點。

自行車租借資訊 🚲
[宇登呂]
4月下旬～11月上旬·2月上旬～3月下旬越野車1000日圓／eBike2000日圓～
知床Cycling Support ☎0152-24-2380
[斜里]
4月下旬～10月中旬的8:00～18:00
公路車／1天3500円～（需提前預約）
知床斜里レンタサイクル ☎0152-23-2503
※可在宇登呂的知床Cycling Support還車

定期觀光巴士&計程車方案
請見 →P.102！

交通概覽

接駁巴士
知床自然中心～神之水溫泉瀑布
(7月下旬～8月中旬)
※詳情請向知床斜里町觀光協會官網確認

女滿別空港～網走站～斜里バスターミナル～ウトロ温泉バスターミナル
知床Airport Liner
(6月下旬～10月上旬、1月上旬～3月中旬)
2小時6～13分·3300円
網走巴士 ☎0152-44-4101
斜里巴士 ☎0152-23-3145

斜里バスターミナル～ウトロ温泉バスターミナル
知床線
50分·1650円
斜里巴士 ☎0152-23-3145

羅臼營業所～相泊
知円別線
(僅行駛7月16日～8月31日)
40分·100円
阿寒巴士 ☎0154-37-2221

ウトロ温泉バスターミナル～羅臼營業所
羅臼線
(6月10日前後～10月10日前後)
50分·1400円
斜里巴士 ☎0152-23-3145
阿寒巴士 ☎0154-37-2221

羅臼營業所～標津バスターミナル～中標津バスターミナル
釧路羅臼線·釧路標津線
1小時30分·2430円
阿寒巴士 ☎0154-37-2221

女滿別空港～網走駅～網走バスターミナル
女滿別機場線
35分·920円
網走巴士 ☎0152-43-4101

中標津バスターミナル～根室中標津空港
中標津空港線 9分·240円
根室交通 ☎0153-24-2201

標津バスターミナル～尾岱沼
尾岱沼線
(7月中旬～8月中旬部分班次可到瀨別)
20分·690円
阿寒巴士 ☎0154-37-2221

たんちょう釧路空港
釧路駅前～釧路空港
機場聯絡巴士
45分·950円
阿寒巴士 ☎0154-37-2221

釧路站～厚岸站
JR根室線(花咲線) 約50分·1130円
JR北海道電話客服中心 ☎011-222-7111

釧路駅前～根室駅前ターミナル
特急根室號 2小時43分·2290円
根室交通 ☎0153-24-2201
釧路巴士 ☎0154-36-8181

根室駅前ターミナル～納沙布岬
納沙布線
44分·1090円
根室交通 ☎0153-24-2201

※2023年3月的資訊，有可能變動

觀光洽詢處 知床斜里町觀光協會 ☎0152-22-2125、知床觀光服務處 ☎0152-24-2639、知床羅臼町觀光協會 ☎0153-87-3360、別海町觀光協會 ☎0153-75-2111、中標津觀光協會 ☎0153-77-9733、厚岸觀光協會 ☎0153-52-3131、根室市觀光協會 ☎0153-24-3104

宇登呂

世界自然遺產知床的主舞台

●うとろ

宇登呂位於知床半島西側，天候比東側的羅臼穩定，宇登呂溫泉有幾家大型現代飯店，是來知床旅遊的絕佳據點。

女滿別機場出發的交通方式

🚌 **巴士** 搭知床Airport Liner 至宇登呂溫泉巴士總站約2小時30分

🚗 **車** 經由國道39號（美幌bypass）及334號至宇登呂市區103km

觀光資訊

知床斜里町觀光協會
☎ 0152-22-2125
MAP P.31・33

🌸 地面步道&高架木道兩種 玩法

宇登呂最受歡迎的 知床體驗感動 No.1

知床五湖
【Shiretoko-Goko】

世界自然遺產之旅

錯落在原始森林裡的五座湖泊，有地面步道可以繞行其間感受自然的氣息，也有高架木道可從高處瞭望風景。你會選哪一種呢？

體驗重點

所需時間 ☂	地面步道跟高架木道皆須帶雨衣
40分~	
體力 ★★★	地面步道是簡單的健行等級；高架木道不分年紀都可參觀
難易度 ★☆☆	不需要任何經驗
服裝	建議穿著長袖長褲以防蚊蟲及日曬

二湖

湖岸長約1.5km，是五湖中最大的一個，可以看到棕熊爬樹取果所留下的痕跡。能從地面步道路線上欣賞。

一湖

從地面步道及高架木道都能欣賞一湖，和其他四湖不同之處在於沒有被森林圍住，視野相當開闊。

適合想要徹底體驗五湖的人

選擇 **地面步道**

感受大自然之美

參觀方法視時期不同

地面步道會繞五湖一圈，大約3km長，可看到棕熊及蝦夷鹿等野生動物所留下的痕跡。不過要注意的是，植生保護期（開園~5月上旬、8月~11上旬）及棕熊活動期（5月上旬~7月）期間，需要先辦理入園登記並參加講習才能參觀。尤其是棕熊活動期，必須參加由專業嚮導帶領的團。

知床五湖

●しれとこごこ **MAP** 33 B-1

☎ 0152-24-3323（知床五湖フィールドハウス）

位於知床半島的羅臼岳和硫磺山之山麓、原生林中的5座湖泊。在此能一口氣欣賞到海、森、山、湖等景色，因此這裡作為知床象徵性的風景勝地十分受歡迎。

📅 4月下旬~11月上旬為自由參觀（視年度變動）
📍 斜里町知床国立公園內 🚌 宇登呂溫泉巴士總站搭巴士往知床五湖25分。連假等期間還會行駛接駁巴士（接駁巴士期間需洽詢）
🅿 76輛（收費）

參觀之前先來看看！

知床五湖Field House
●しれとこごこふぃーるどはうす

☎ 0152-24-3323 **MAP** 33 B-1

參觀知床五湖的據點，也是地面步道的入口，想要走地面步道需在這裡聽講習才能進去。

📅 4月下旬~11月上旬的7:30（或8:30）~日落（有季節性變動） 🈺 期間中無休

↑入園手續在此辦理

可以拿到入園認定書喔！

棕熊活動期、植被保護期時 需要辦理入園手續

為了避免遊客擁擠破壞植被，並降低棕熊出沒造成的風險，園方建立起植生保護期的登記制度，遊客需填寫申請書，並參加講習掌握避開棕熊等知識才可入園。

↑掌握棕熊對策安心上路！

↑申請書需填寫地址及姓名，每人250円

知床
知床五湖 世界自然遺產之旅

P.20
釧路 釧路濕原
P.50
阿寒 摩周・屈斜路
P.64
網走
P.78
旅遊便利資訊
P.94

服裝及用品

即使是夏天也建議穿著長袖長褲，不僅保暖，還可以防胡蜂等蚊蟲及日曬。

帽子
天氣好的時候日照光線強，戴帽子可避免中暑

背包
要自備飲料等物品，所以使用後背包，就能騰出雙手

上衣
建議選擇化學纖維或羊毛等吸濕排汗材質

外套
建議選防水、方便活動、尺寸大一號的外套

褲子
最好選擇化學纖維材質，濕了也很快乾。避免穿牛仔褲，濕了很難乾

鞋子
不可以穿涼鞋或拖鞋，請穿運動鞋或登山鞋

知床五湖【地面步道的參觀規定】

棕熊活動期
一定要參加登記於知床五湖登錄領隊嚮導帶的團（需預約）才能參觀，大圈約需花3小時，費用約5000円（視公司而異），小圈約需90分，3500円。

植生保護期
需在知床五湖Field House填寫申請書、參加講習。大圈約需一個半小時，小圈約需40分，費用為250円。可事先在官網下載表格。

【 地面步道參觀月曆 】

4月	5月	6月	7月	8月	9月	10月	11月
開園 5/9		棕熊活動期		8/1			閉園(11月上旬)
植被保護期 5/10			7/31	植生保護期			

三湖
特徵是湖中有座小島。每逢5月下旬～6月下旬是水芭蕉花季，6月中旬以後是歐亞萍蓬草。

四湖
離五湖走路只要3分鐘，卻離停車場最遠，在原始森林裡遺世而獨立。

五湖
湖岸全長才0.4km，是知床五湖裡最小的一個，5月是蝦夷赤蛙產卵的季節，記得探頭在水邊找找看。

離地高2m，柵欄有通電，以防棕熊攀爬

地面步道往高架木道方向是單行道，高架木道只能到一湖而已

湖畔展望台

離木道入口500m

離木道入口800m

鄂霍次克展望台

一湖

只走高架木道不須辦入園手續，免費，來回1.6km約40分

離木道入口250m
連山展望台

高架木道

知床五湖公園服務中心
1次500円 P

知床五湖Field House

地面步道

小圈（約需40～90分）

離入口2000m

二湖

棕熊的爪痕
棕熊爬樹摘果實時留下的痕跡

大圈（約需1小時30分～3小時）

水芭蕉
5月下旬到6月下旬是花季

離入口1100m

三湖

離入口1700m

東北紅豆杉
又稱為「onko」，以前用來做牧場柵欄

離入口700m

四湖

離入口500m

五湖

蝦夷赤蛙產卵
5月左右，無數的蛙卵在水中像凍一樣，可以從岸上看到

參觀之前先來看看！

知床五湖公園服務中心
しれとここごこばーくさーびすせんたー
☎ 0152-24-2299
MAP 33 B-1

位於知床五湖入口處的商店，有賣輕食及伴手禮。許多餐點使用本地產的食材製成。
⏰ 4月20日～11月8日的9:00～17:00
休 期間中無休

← 融入附近的景色中的雅致建築

越橘霜淇淋（400円）
※價格有可能變動

有可能近距離看到蝦夷鹿，但是請勿餵食

開放期間可自由參觀！

高架木道
適合想要輕鬆遊逛的人

高架木棧道是為了因應棕熊出沒、無法使用地面步道時所打造的。高約2～4m、全長800m。從公園服務中心旁進入，設有連山展望台、鄂霍次克展望台、湖畔展望台，但從高架木棧道上能看見的只有一湖而已。棕熊活動期與植被保護期必須辦理入園手續，走在木棧道上能輕鬆享受散步的樂趣。

↑ 能望見一湖和知床山脈的湖畔展望台是很推薦的攝影景點

「鄂霍次克海展望台」是一處不僅看山，還能遠眺大海的絕景景點

喜歡悠哉而仔細參觀的人 建議參加 自然嚮導團

要走地面步道，還是跟著對知床自然無所不知的嚮導比較好。下方介紹推出知床五湖導覽團的公司，基本上都需要提前預約，詳情請見各公司官網。

知床Nature Office
☎ 0152-22-5041 **MAP** 33 A-2
費用 5000円 **需時** 約4小時(參觀約3小時)
開始時間 8:30、13:30(有季節性變動)
期間 4月下旬～11月中旬
HP https://www.sno.co.jp

SHINRA
☎ 0152-22-5522 **MAP** 31 A
費用 5100円 **需時** 約3小時
開始時間 8:30前後、14:30前後(9月25日～13:30前後)、5月10日～7月31日也有其他時段
期間 4月下旬～11月8日
HP https://www.shinra.or.jp

知床Optional Tours SOT!
☎ 0152-24-3467 **MAP** 31 B
費用 5000円 **需時** 約4小時
開始時間 8:30左右、13:30左右
期間 4～10月(5月10日～7月31日為下午)
HP https://www.shiretoko.info

體驗重點

所需時間 2~4小時	天候不佳時可能停駛
體 力 ★☆☆ 所有年齡層都可以	
難易度 ★☆☆ 不需要任何經驗	
服 裝 在船上很冷，一定要帶外套	

要選哪一種？ 知床岬行程 Rusha行程 硫磺山行程

宇登呂

要坐哪一個？ 大型船 小型船

知床半島遊船

宇登呂出發的觀光船行程可欣賞知床的絕景，包括陡峭的斷崖峭壁、垂落入海的數條瀑布等美景。

A 知床連山

知床岬行程
Rusha行程
硫磺山行程

知床半島全長約60km，寬約9～26km，其中1500m的高山連綿縱貫其中。每逢9月中旬樹葉開始轉紅，10月時已被白雪覆蓋，直到初夏的7月都還有殘雪。唯有坐船才能欣賞知床連山美麗的稜線風景。

說不定能看到這些野生動物喔

白尾海鵰　　白腰鼠海豚　　烏海鴿

B Furepe瀑布

知床岬行程
Rusha行程
硫磺山行程

從陡峭的懸崖流出的一抹地下水垂落成瀑布，由於含鐵及硫磺而顏色呈紅色，有「Furepe」之名，是愛努語「紅水」的意思。因撲撲簌簌流落的模樣，所以也有人稱它為「少女的眼淚」。

依個人喜好及時間決定

觀光船種類與行程

1 選擇航行路線！

知床岬行程最能照顧到欣賞風景及野生動物兩個需求，因此最受歡迎。也可以依旅行目的及時間，選擇硫磺山或Rusha行程。班數隨時期而異，記得上觀光船公司網站確認好再出發。

知床岬行程
知床岬行程折返點是知床半島的盡頭，可以盡情欣賞野生動物及自然風景。行程需要3個小時以上，適合不趕時間的遊客。

Rusha行程
折返點是常有棕熊出沒的Rusha，只有能靠近岸邊的小型船開這個行程，特色是會邊開邊尋找動物蹤跡，因此目擊率很高。

硫磺山行程
折返點是神之水瀑布，時間最短，價格也最便宜，比較沒有心理壓力。可欣賞海岸線的斷崖峭壁及其知床連山的壯闊風景。

	知床岬行程	Rusha行程	硫磺山行程
各家船公司的行程名稱	祕境知床航路、知床岬巡遊、知床岬路線等	Rusha海岸巡遊、Rusha灣路線等	神之水瀑布航路、神之水路線、神之水瀑布巡遊等
費用	大型船7800円 小型船9000円	小型船5000～6000円	大型船3500円 小型船3500～4000円
所需時間	大型船約3小時45分 小型船約3小時～3小時15分	小型船約2小時	大型船約1小時30分 小型船約1小時～1小時30分
運航期間	大型船5月1～7日、6～9月 小型船6～9月	小型船GW、6～10月下旬（極光3號為4月28日～10月25日）	大型船4月28日～10月25日／小型船4、5、10月（極光3號為4月28日～10月25日有臨時班次、需洽詢）
班數	大型船1班、小型船5班	小型船1～5班	大型船2班、小型船1～2班

2 選擇船的種類！

想要舒適地欣賞風景、比較不搖晃的就選可容納400人的大型船，想要近距離欣賞風景及野生動物的身影就選小型船，只能容納約50名乘客。

大型船

甲板寬廣，可以在船上任意移動，欣賞風景。比較不會有劇烈搖晃的情形，幾乎不用擔心暈船的問題。寬敞的船艙裡有完善的冷暖氣設備。

小型船

船身小，可以靈活地在景點邊移動，甚至可以沿著岸邊行駛，很有可能看到在岸上的棕熊。某些公司提供外套及雨具租借服務。

※3條航路的資料來自知床觀光船極光號、極光3號（大型船）、小型船的哥吉拉岩觀光、Dolphin、FOX等公司，行程名稱、出發時間、費用等可能隨船公司及時期而異。

知床

知床半島遊船

P.20

釧路 釧路濕原 P.50

阿寒 屈斜路·摩周 P.64

網走 P.78

旅遊便利資訊 P.94

G 知床岬

知床岬行程

知床半島的盡頭是個30m高的海岸階地，只有一座無人燈塔孤零零地佇立於上，說這裡是大地的盡頭可是名副其實。遠處依稀可見國後島淡藍的身影。繞過半島盡頭就是太平洋海域。

這就是知床岬燈塔！

極佳的拍照景點！

行程的主要看點

F Kashuni瀑布

知床岬行程

瀑布從高聳的峭壁上直落入海，是知床岬行程重要的拍照景點，若是小型船會開到非常近的距離。這裡離最後的目的地知床岬也不遠了。

地圖標示：知床岬燈塔、知床岬、獅子岩、觀音岩、メガネ岩、Kashuni瀑布、相泊溫泉、瀬石溫泉、知床岳、知床半島、知床連山、知円別岳、硫黃山、南岳、サシルイ岳、オッカバケ岳、羅臼岳、三ツ峰、羅臼、羅臼岳、羅臼溫泉、知床峠、天頂山、羅臼湖、知西別岳、ウンメーン岩、神之水溫泉瀑布、神之水瀑布、知床五湖、岩尾別溫泉、水晶岬、オーバーハング、Kunneporu、湯之華瀑布（男人的眼淚）、宇登呂港、Furepe瀑布（少女的眼淚）、宇登呂、Rusha灣、Rusha行程、硫磺山行程、知床岬コース

E Rusha灣

知床岬行程　Rusha行程

Rusha灣是看到野生棕熊機率很高的地方，夏天還可能看到母熊帶小熊的畫面，若是小型船，一旦發現熊的蹤影就會停下來，提供觀察時間，有些船公司還會提供觀看棕熊用的望遠鏡。

發現棕熊！

C Kunneporu

知床岬行程　Rusha行程　硫磺山行程

據說由於海浪及流冰的侵蝕作用，使得垂直的岩壁向內凹出一連串大洞，許多蝙蝠就住在洞穴裡面，這裡同時也是燕子群聚繁殖的地方。

D 神之水瀑布

知床岬行程　Rusha行程　硫磺山行程

據說由於海浪及流冰的侵蝕作用，使得垂直的岩壁向內凹出一連串大洞，許多蝙蝠就住在洞穴裡面，這裡同時也是燕子群聚繁殖的地方。

主要觀光船公司

小型船　哥吉拉岩觀光

●ごじらいわかんこう　☎0152-24-3060　MAP 31 A

Rusha行程、知床岬行程的棕熊目擊率高達87%以上。趕時間的遊客則適合精簡的硫磺山行程。

期間 4月28日～10月20日　休 天候不佳時休　所 斜里町宇登呂東51　交 宇登呂溫泉巴士總站步行5分　P 30輛

・知床岬行程9000円
・Rusha行程6000円
・硫磺山行程4000円

小型船　知床Cruiser觀光船Dolphin

☎0152-22-5018　MAP 31 A

しれとこくるーざーかんこうせんどるふぃん

搭小型船徹底體驗與世隔絕的世界遺產知床。網路預約可以預選座位。

期間 黃金週、6月～10月上旬　休 天候不佳時休、10月上旬～5月下旬（黃金週除外）　所 斜里町宇登呂東52　交 宇登呂溫泉巴士總站步行5分　P 30輛

・知床岬遊船 9000円
・Rusha海岸遊船 6000円

大型船 小型船　知床觀光船極光號、極光3號

●しれとこかんこうせんおーろら　☎0152-24-2147（道東觀光開発株式会社）　MAP 31 A

以大型船「極光號」和小型船「極光3號」2種船隻運行。

期間 4月28日～10月25日（預定）　休 天候不佳時休　所 斜里町宇登呂　交 宇登呂溫泉巴士總站步行10分　P 100輛

・祕境知床岬航路（僅大型船）7800円
・神之水瀑布航路（大型船、小型船）3500円
・Rusha航路（僅小型船）5000円

↑只有在知床，才可以隨便就看到棕熊的爪痕及足跡！

知床一日導覽團

導覽團從早上8點左右出發到下午4點半，帶你用一天徹底認識知床的大自然。上午從宇登呂出發去走知床五湖，吃過午餐後，下午走進野生動物棲息的森林，尋訪導遊的私藏景點。

珍貴的一天徹底認識知床半島自然生態

讓我用輕鬆又好懂的方式為各位介紹世界級的寶貴知床自然生態，歡迎和我們導覽員一起走入森林吧！

代表導遊
鈴木謙一

可以參考這一家！

① 知床Optional Tours SOT！
◆しれとこおぷしょなるつあーずそっと

知床一日導覽團

【體 力】	★★★
【所需時間】	8小時
【費 用】	10000円
【期 間】	4月下旬～5月上旬、8月上旬～11月上旬
【服 裝】	背包、雨具、水壺

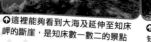
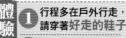

↑這裡能夠看到大海及延伸至知床岬的斷崖，是知床數一數二的景點

↑人氣景點知床五湖有許多能拍下知床連山之美的攝影地點

↑參加導覽團時，在知床的森林中遇到蝦夷鹿是很常有的事

體驗導覽團

推薦參加專業導遊帶領的導覽團，深入認識知床大自然的奧秘。

體驗重點
1. 行程多在戶外行走，請穿著好走的鞋子
2. 不要客氣盡量發問，才能收穫滿滿地離開
3. 相機記得加背帶，不然掉了就麻煩了

可以參考這一家！

③ 知床Arpa
◆しれとこあるぱ

半島眺望

【體 力】	★★
【所需時間】	約3小時
【費 用】	2人以上5000円；1人參加時7500円
【期 間】	4月上旬～12月上旬
【服 裝】	長袖、長褲、好走的鞋子、手套等

眺望知床半島

一邊尋找棕熊、黑啄木鳥以及蝦夷鹿等野生動物的蹤跡，一邊前往可以瞭望知床半島的景點，路上還可以瞥見「湯之華瀑布」、「男人的眼淚」等壯觀的瀑布。

沿路尋找野生動物的蹤跡前往景觀絕佳的景點

這個行程很容易遇到野生動物，也能充分體會知床的魅力，誠心推薦給大家！還可以免費租借雨靴喔！

導遊
笠井文考

跡和獸徑上觀賞風景名勝

↑行程不走步道，而是走在開墾遺

↑獨木舟才能如此近距離感受懸崖峭壁震撼的規模

輕巧的海洋獨木舟帶你從海上領略知床的美

斷崖海洋獨木舟

搭上靈活輕巧的海洋獨木舟，極度接近從宇登呂到「湯之華瀑布」、「男人的眼淚」之間在陸地上絕對看不到的斷崖。工作人員在出發之前會進行划法教學，所以沒有經驗的人也不用擔心。

知床的大自然充滿野性之美，要不要來從海上挑戰看看呢？100m高的懸崖可是震撼力十足的喔！

只有這一家！

② 知床Outdoor Guide Center
◆しれとこあうとどあがいどせんたー

夏季獨木舟

【體 力】	★★★★
【所需時間】	約3小時
【費 用】	10000円
【期 間】	6月上旬～9月下旬
【服 裝】	T恤、短褲、帽子、飲料

總導遊
關口均

知床
超好玩！
自然體驗導覽團

P.20

釧路 釧庭溫服 P.50
阿寒 摩周、屈斜路 P.64
網走 P.78
旅遊便利資訊 P.94

幾乎沒有人工照明
知床才有的人氣行程

❶沒有月亮、空氣澄淨的夜晚，可觀賞到壯觀的星空

知床觀星

導遊 佐佐木惠

有流星和銀河等看星象儀所無法體會其實星空，要不要愜意地躺在墊子上欣賞呢？

地點會選在當天看得到星星的地方，只要條件齊全，就能看到璀璨的星空。如果雲層太厚，會視情況改成「夜行動物導覽團」。

❶從車上找野生動物，就算沒星星也有動物可看！

可以參考這一家！
❺ 知床Nature Office
◆しれとこねいちゃーおふいす

走，一起去觀星！

【體力】	★
【所需時間】	約1小時30分
【費　用】	3000円
【期　間】	6〜11月中旬(需洽詢)
【服　裝】	保暖的衣物

硫磺山新噴火口與神之子瀑布

用充實的一天行程
實際感受知床深處

味 熊氣息與硫磺的氣棕

❶在健行中感受棕

可 健行至知床硫磺山山腰(600m)附近的新噴火口。下山後也可以體驗溫泉之川「神之子瀑布」溯溪行程。

導遊 若月識

可體驗從知床深處眺望最高處與以祕湯聞名的神之子瀑布溯溪！

可以參考這一家！
❹ 知床のガイド屋 pikki
◆しれとこのがいどやぴっき

硫磺山新噴火口與神之子瀑布

【體力】	★★★★
【所需時間】	約7小時(含宇呂登〜登山口)
【費　用】	12000円+園區使用費(1人費用為15000円)+園區使用費)
【服　裝】	上下兩件式防水雨衣、登山鞋(登山裝備)、泳衣(泡溫泉須自備)

知床峠下坡騎車團

用 車子把人與自行車載到海拔740m的知床峠，然後是15km一路下坡到宇登呂，非常爽快。費用包含安全帽、手套的租金。

只有這一家！
❻ 知床Cycling Support
◆しれとこさいくりんぐさぽーと

知床峠下坡騎車團

【體力】	★
【所需時間】	約2小時
【費　用】	6000円
【期　間】	知床峠開通〜封閉
【服　裝】	方便活動的衣服(冷天要注意保暖)

導遊 西原重雄

上坡是用車子載上去的，所以不太耗體力。從大清早到日落都可以配合，歡迎洽詢！

騎著公路車輕鬆享受
只有下坡的自行車行程

❶知床橫斷道路的宇登呂方向坡度和緩，騎起來很舒服

宇登呂
最受歡迎的
知床感動體驗 No.5

跟著在地導遊出發
超好玩！
自然

宇登呂、斜里主要的導覽服務公司

A知床一日導覽團　B斷崖海洋獨木舟　C眺望知床半島　D硫磺山新噴火口與神之子瀑布　E知床觀星　F知床峠下坡騎車團
G知床五湖(P.24)導覽團　HFurepe瀑布步道(P.30)導覽團　I夜行動物導覽團　J鮭魚迴遊導覽　K羅臼湖健行(P.37)

	區域	名稱	DATA	A	B	C	D	E	F	G	H	I	J	K
❶	宇登呂	知床Optional Tours SOT! しれとこおぷしなるつあーずそっと	☎0152-24-3467　🔗www.shiretoko.info　夏天有Furepe瀑布及知床五湖，冬天有流冰漫步及雪原健行，宇登呂到知床五湖一帶的自然導覽團種類相當豐富。　MAP31 B	●						●	●			
❷	岩尾別	知床Outdoor Guide Center しれとこあうとどあがいどせんたー	☎0152-24-2311 (岩尾別ユースホステル)　🔗www.shiretoko-outdoorguide.com/gaido　舉辦海上獨木舟行程，從海上欣賞岩尾別的懸崖峭壁及Furepe瀑布等景象。　MAP33 B-2		●									
❸	宇登呂	知床Arpa しれとこあるぱ	☎050-3196-4505　🔗www.shiretoko-arpa.com　不只在知床五湖一帶，還有許多野趣十足的行程，也有可在斜里川玩水、玩獨木舟等等的行程。　MAP31 A	●		●	●			●	●		●	●
❹	宇登呂	知床のガイド屋 pikki しれとこのがいどやぴっき	☎0152-24-2077　🔗shiretoko-pikki.com　主辦不分季節帶遊客認識知床的行程，可以包團、量身訂製行程，尤其以量身訂製行程可以滿足不同的需求而大受歡迎。　MAP31 A	●		●	●			●	●			
❺	宇登呂	知床Nature Office しれとこねいちゃーおふいす	☎0152-22-5041　🔗www.sno.co.jp　一整年都由定居知床的導遊向遊客介紹知床豐富的自然生態。望遠鏡、雨靴可免費租用，雨衣可付費租用。　MAP33 A-2	●		●		●		●	●	●		
❻	宇登呂	知床Cycling Support しれとこさいくりんぐさぽーと	☎0152-24-2380　🔗www.shiretokocycling.com　與擁有自行車教練執照的導遊一起騎自行車享受知床的大自然，適合初學者到老手的行程皆有。　MAP31 A						●	●		●	●	●
	宇登呂	SHINRA しんら	☎0152-22-5522　🔗www.shinra.or.jp　知床戶外活動導覽公司的先驅，夏天有「知床五湖導覽健行」，冬天有「流冰漫步」等各式各樣無經驗者也可以參加的行程。　MAP31 A	●						●	●			
	宇登呂	星の時間 ほしのじかん	☎090-9750-6187　🔗siretoko.jimdofree.com　附帶天文望遠鏡的觀星團最受歡迎。提供具北海道戶外活動資格的專業導遊、知床五湖棕熊活動期間登陸導覽者的嚮導。　MAP31 B	●				●		●	●			
	宇登呂	知床の森のガイドゆらり しれとこのもりのがいどゆらり	☎0152-24-3787　🔗yurali.web.fc2.com　主打一個人也可以參加的家庭氛圍自然導覽團，女性導遊帶領的「女子方案」大受喜歡戶外活動的女性歡迎。　MAP33 A-2	●						●	●			

※行程內容、名稱及費用視導覽公司而異，詳情請洽詢。

看似樸素但滋味豐富
的海邊美食

花魚定食
1500円
尺寸較大的花魚整隻對切，是經典菜色。

鮭魚親子丼
2000円
鋪上滿滿醬油漬鮭魚卵與手撕鮭魚肉。

其他 推薦菜色
鮭魚卵丼 2000円
三種丼 2200円
生薑燒肉定食 900円

ウトロ漁協婦人部食堂
●うとろぎょきょうふじんぶしょくどう

☎0152-24-3191 MAP 31 A

宇登呂漁協的女老闆們經營的食堂，有漁港直送海膽做成的丼飯（5月上旬～8月，時價）等簡單海鮮料理。還有機會可以吃到當季現撈海鮮製作而成的驚喜版美味。

🕐4月下旬～10月為8:30～14:30　🈡期間中不定休
🏠斜里町ウトロ東117
🚍宇登呂溫泉巴士總站步行5分　🅿4輛

⬆店面不大，很有老餐館的感覺

Column

宇登呂的漁獲代表 ──
鮭魚的當旬季節與吃法

9～10月左右鮭魚產卵期是最應時美味的季節。受到鄂霍次克海狂瀾磨練的鮭魚，富含油脂且肉質厚實。春天到夏天期間捕獲的稀有時鮭是出名的高級漁獲。

宇登呂鮭魚露臺（漁協2樓）可欣賞漁獲卸貨的場景

⬅佇立於宇登呂港一隅的小小食堂

來這裡準沒錯！

宇登呂的海鮮美食

宇登呂漁港位於知床半島的鄂霍次克海這一側，沿岸漁業發達，主要都是定置漁場，漁獲量八成以上都是鮭魚及鱒魚，產量在北海道是數一數二地多，這裡為您介紹用宇登呂漁港捕撈上岸的新鮮漁獲做成的海鮮丼及定食。

公路休息站 うとろ・シリエトク
●みちのえきうとろしりえとく

☎0152-22-5170（レストラン）MAP 31 A

公路休息站內的餐廳，只用當地捕撈上岸的漁獲，讓遊客以實惠價格吃到當季美食，春天主打時不知鮭魚，夏天是粉紅鮭，秋冬則是第一等的鮭魚，不論哪種都是當季美饌。菜單也會隨當天進貨做調整，幸運的話還有稀有魚種做成的丼飯或生魚片套餐。

🕐10:00～15:00　🈡無休
🏠斜里町ウトロ西186-8
🚍宇登呂溫泉巴士總站步行3分
🅿101輛

其他 推薦菜色
花魚定食 1850円
每日海鮮丼 1800円～
醬汁蝦夷鹿肉排丼 1350円

⬆公路休息站位在宇登呂溫泉的入口處

⬆挑高的空間十分寬敞、舒服

**營業時間到下午3點
適合來吃午餐！**

知床產鮭魚親子丼
2620円
無添加的醬油鮭魚卵，和當季鮭魚肉片。

お食事処 夷知床
● おしょくじどころえぞがしま

☎ 0152-24-3722 MAP 31 A

招牌是產季在夏天的海膽、宇登呂的名產鮭魚定食，以及可以自己選海鮮的海鮮丼。可盡情品嘗產自當地的新鮮海鮮。

🕐 9:00～17:00 ❌不定休 📍斜里町ウトロ西187-12 🚌宇登呂溫泉巴士總站即到 🅿3輛

↑當地的海產批發商「大宮商店」所直營

其他	推薦菜色
知床鮭魚肉包	324円
海膽飯糰	880円
鮭魚半敲燒丼飯	1430円

↑位於「公路休息站うとろ・シリエトク」對面

MEGA生海膽丼
（5～8月）
5500円

海膽都是每天早上漁夫採收裝盒的，非常新鮮，而且一次就用一折（約100g）的量，相當奢侈。

使用宇登呂的海膽及鮭魚的餐點是店家的驕傲

從定食到珍味小菜貫徹地產地消的理念

↑位於「公路休息站うとろ・シリエトク」正對面，熊的圖案很好認 　↑當季推薦及當日菜單都在牆壁上

其他	推薦菜色
鮭魚卵丼	2450円
海膽丼	時價
荒磯盛	1850円

生魚片定食
1950円

「荒磯盛」（1850円）有滿滿一盤宇登呂新鮮海鮮，定食再附白飯、味噌湯、醬菜以及醋拌當地產的水雲褐藻。

荒磯料理くまのや
● あらいそりょうりくまのや

☎ 0152-24-2917 MAP 31 A

響應地產地消的概念，店內食材不論是陸地上的還是海裡抓的都來自宇登呂本地，並且以支持當地產品店家的名義參與全日本推行的「綠燈籠」活動。還有「醋醃鮭魚頭」（550円）、「鹿肉半敲燒」（1100円）等珍味小菜。

🕐11:00～15:30 ❌不定休、12月下旬～翌年1月下旬休 📍斜里町ウトロ西187 🚌宇登呂溫泉巴士總站即到 🅿4輛

還有這些！宇登呂有名的美食

Cafe Bar Music GVO 【咖啡廳&酒吧】
● かふぇばーみゅーじっくじーうぉ MAP 31 A

鄂霍次克海景第一排的咖啡廳，可以一邊欣賞冬季的流冰一邊享用甜點及飲料。午餐提供滿滿都是海膽的義大利麵及丼飯。

☎0152-24-3040 🕐9月上旬～3月的11:00～14:30、18:00～21:30 ❌期間中週三、第2週四 📍斜里町ウトロ西91-5 🚌宇登呂溫泉巴士總站步行5分 🅿10輛

⟶「海膽燴飯丼」（1700円）有附湯及炸鮭魚塊

波飛沫 【拉麵】
● なみしぶき MAP 31 A

鄂霍次克一帶很有名氣的拉麵店，推薦菜色是特選肥嫩叉燒麵，以豬骨為湯底，上面鋪有肥嫩的豬頰肉叉燒。日落時分可在用餐時欣賞太陽西下美景。

☎0152-24-3557 🕐11:00～14:15、17:30～21:30 ❌週日 📍斜里町ウトロ西176-10 🚌宇登呂溫泉巴士總站步行5分 🅿8輛

⟶「特選肥嫩叉燒麵」（1280円）以豬骨熬湯，用肥嫩的豬頰肉做叉燒，推薦給大家

海鮮料理番屋 【壽司】
● かいせんりょうりばんや MAP 31 B

店長以前是漁夫，很會挑海鮮，食材都是跟漁夫同事拿貨，而像花魚一夜干則是自己做的，每一樣都是精挑細選的美味食材。

☎0152-24-3055 🕐11:00～14:00、17:00～22:00（食材用完即打烊） ❌不定休 📍斜里町ウトロ香川180 🚌宇登呂溫泉巴士總站步行10分 🅿20輛

⟶鋪上海膽、牡丹蝦的「知床生壽司」（3000円）

Furepe瀑布步道MAP

來回約2km

- Furepe瀑布
- 宇登呂燈塔
- 展望台 GOAL 4 View
- 往燈塔前禁止通行
- ↑步道終點的標示牌，後面就能看見瀑布了
- 草原 3
- 常常可以看到蝦夷鹿在吃草
- 原生林
- ↑二次林裡常能發現鹿或棕熊的蹤跡
- 二次林
- 道路禁止進入 2
- 二次林
- 拓荒者們耕種過的農地遺跡
- 國道334号
- 往宇登呂
- しれとこ100m² 運動ハウス
- 鳥獸保護区管理センター
- 知床自然中心
- 停車場
- 知床五湖
- START
- 知床峠
- ↑這個分岔路口兩條路都能通到觀景台

宇登呂 最受歡迎的
知床感動體驗 No.3

Furepe瀑布 步道之旅

知床的大自然精彩風貌匯集此處

「Furepe瀑布」因是從懸崖峭壁中垂落的涓涓細流，被暱稱為「少女的眼淚」，而「Furepe」則是愛努語「紅水」的意思。參加當地導覽業者推出的導覽團也是個不錯的選擇。

到瀑布的展望台來回約2km，沿路都是大自然風景。步道從知床自然中心後面出發，走到能看見雄偉的知床連山。

Furepe瀑布步道

- ●ふれべのたきゆうほどう
- ☎0152-24-2114（知床自然中心）
- MAP 33 A-2
- ⊞自由參觀 團斜里町岩尾別 ➡宇登呂溫泉巴士總站往步道入口（知床自然中心）車程10分 P使用知床自然中心停車場

所需時間
- 1小時 請帶雨衣，不要帶傘
- 體 力 ★★★ 初次造訪也不用擔心
- 難易度 ★★★ 路很寬，很好走
- 服 裝 不可穿高跟鞋或涼鞋

體驗重點

步行大約10分鐘，視野突然變得開闊起來，眼前是一片廣袤的草原，背後則是雄偉的知床連山 **3**

出發後會經過一片森林，在鳥鳴聲繼續前進 **2**

Point
蝦夷鹿可能出沒在草原上

在草原上可以好好期待是否會遇到成群蝦夷鹿，尤其早上機率更高。

4 GOAL 抵達觀景台！

陡峭的岩壁向內凹成港灣形狀，清澈的水流從裂縫中汨汨流瀉出來

Point
棲息大量野鳥

原生林裡四處住著各式各樣的鳥類，帶著望遠鏡體會賞鳥的樂趣吧。

起點在自然中心的後面，夏天也要記得帶工作手套、帽子及毛巾 **1**

觀景台是絕佳的攝影地點，不過如果要把瀑布拍得清楚，就需要高倍變焦的相機

瀑布在這！

START

想要獲取知床的大自然資訊就來這裡

知床自然中心
- ●しれとこしぜんせんたー
- ☎0152-24-2114 MAP 33 A-2

知床的自然情報站，電影廳MEGA Screen「KINETOKO」設有日本最大螢幕，播放震撼力十足的影片。附設THE NORTH FACE/HELLEY HANSEN知床店。

- ⊞8:00～17:30（10月21日～4月19日為9:00～16:00）
- 休無休（12月為週三休）團斜里町遠音別村岩宇別531
- ➡宇登呂溫泉巴士總站車程10分 P182輛

↑館內會定時舉辦員工講座（4月20日～10月20日）

↓知床財團原創的nalgene水壺 1925円

知床
Furepe 瀑布步道之旅／宇登呂完整區域指南
P.20
釧路 釧路濕原
P.50
阿寒 摩周·屈斜路
P.64
網走
P.78
旅遊便利資訊
P.94

宇登呂 ●しれとこせかいいさんせんたー

【景點】**Oshinkoshin瀑布** MAP 33 A-2

☎0152-22-2125（知床斜里町觀光協會）

名列「日本瀑布100選」

知床半島最大的瀑布就在連結斜里及宇登呂的國道334號旁，由於中間分岔成兩半，而又稱為「雙美瀑布」，登上階梯可以抵達等同於瀑布中段的高度。

自由參觀　斜里町ウトロ　宇登呂溫泉巴士總站搭巴士往斜里8分，オシンコシンの滝下車即到　P35輛

近到會被水花潑到，階梯上面離瀑布非常近，到

【景點】**知床世界遺產中心** MAP 31 A

☎0152-24-3255

認識知床的自然及參觀禮儀

讓遊客瞭解知床自然的美好、知床觀光的訣竅、即時資訊等。

8:30～17:30（10月21日～4月19日為9:00～16:30）　休無休（10月21日～4月19日為週二休）　免費入館　斜里町ウトロ西186-10　宇登呂溫泉巴士總站步行5分　P17輛

實際尺寸的知床生物照片　展示

【景點】**夕陽台** MAP 31 B　●ゆうひだい

☎0152-22-2125（知床斜里町觀光協會）

可將彎曲的海岸線與沒入鄂霍次克海的夕陽盡收眼底，位於國立知床露營場一角，附設「夕陽台之湯」（P.32）。

自由參觀　斜里町ウトロ香川　宇登呂溫泉巴士總站步行15分　P6輛

【景點】**Puyuni岬** MAP 33 A-2　●ぷゆにみさき　岩尾別

☎0152-22-2125（知床斜里町觀光協會）

從宇登呂到知床自然中心的路上會經過的超美景點，天氣好的時候夕陽也是一絕。　自由參觀　斜里町岩尾別　宇登呂溫泉巴士總站搭巴士往知床五湖10分，知床自然センター下車，步行15分　P無

停車場又寬賣場東西多又好逛
知床觀光資訊完整的公路休息站

公路休息站 うとろ・シリエトク
みちのえきうとろしりえとく

☎0152-22-5000　MAP 31 A

【主】要設施center house裡設有觀光服務處、資訊平台、宇登呂漁協的商店、鄂霍次克海物產及伴手禮的店家、以及吃得到在地食材的餐廳（P.28）等等，是個功能齊全的知床觀光據點。資訊看板上會隨時更新前往附近觀光地的路線指南、觀光船行駛情況等訊息，來宇登呂玩的時候記得要來看看。

9:00～17:00（因季節而異），餐廳為10:00～15:00　休無休　斜里町ウトロ西186-8　宇登呂溫泉巴士總站步行5分　P101輛

進一步認識！ and more
宇登呂 ●うとろ
完整區域指南
MAP P.31・33

建築外型構想來自漁夫小屋，隔壁是「知床世界遺產中心」

人氣公路休息站

宇登呂漁協直營店「ごっこや」有賣當季的鮮魚

在有工作人員駐點的觀光服務處蒐集資訊

「ユートピア知床売店」裡可以買到各種知床及鄂霍次克的食品及物產

外帶區販售的越橘霜淇淋（350円）

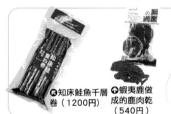

知床鮭魚千層卷（1200円）

蝦夷鹿做成的鹿肉乾（540円）

添加美味濱梨玫瑰果實醬的「知床濱梨生起司蛋糕」（2315円）

北海道知床沙拉醬和風洋蔥味（594円）

人氣伴手禮

越橘蛋糕塔（12入1080円）
Kokemomo Tart cake

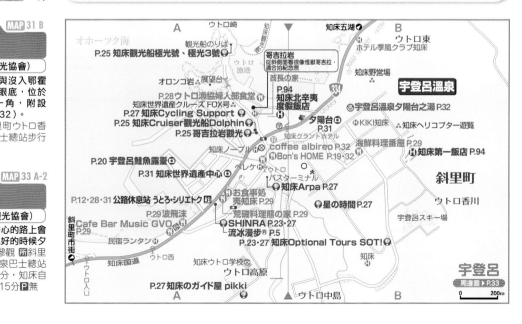

31

宇登呂 ◆ぼんずほーむ　MAP 31 A

美食 Bon's HOME
☎0152-24-2271

美味無比的栗子馬鈴薯餐點

減少化學農藥的栗子馬鈴薯，放置一段時間後更為甘甜，做出來的餐點和熬煮七天的咖哩（1050円）都很受歡迎。還有兼營背包客棧型態的民宿。🕐2～11月中旬為11:30～16:00（售完時會提早打烊）🈯不定休 🏠斜里町宇登呂東217 🚌宇登呂溫泉巴士總站即到 🅿無

→「焗烤栗子馬鈴薯」（950円）

斜里 ◆しゃりこうぼうしれとこや　MAP 附錄H-1

購物 斜里工房しれとこ屋
☎0152-23-6835

「知床tokosan」周邊商品種類齊全

位於公路休息站旁的伴手禮店，販售象徵知床斜里的「知床toko-san」周邊、「知床斜里認證品牌商品」，以及知床的新鮮漁獲。🕐9:30～18:00（有可能變動）🈯無休 🏠斜里町港町1 🚌JR知床斜里站步行3分 🅿17輛

→「知床tokosan」專區陳列

恤等周邊商品

斜里 ◆てんにつづくみち　MAP 附錄G-3

景點 通天道
☎0152-22-2125（知床斜里町觀光協會）

一望無盡的筆直馬路彷彿直達天上

筆直的馬路長達28km，一路延伸到遠方，看起來就像是要通到天上一樣，而有了這個名字。附近設有攝影台及展望台。🕐自由通行 🏠斜里町峰浜 🚌JR知床斜里站車程15分 🅿無

→宇登呂一側的通天道起點處

→從宇登呂往斜里的方向看去

斜里 ◆ぐりーんずかふぇ　MAP 附錄G-1

美食 Green's cafe
☎0152-23-2701

在優雅的咖啡廳享用午餐

位於斜里市區一家小巧而溫馨的咖啡廳，以白色為主調，營造出清爽的視覺，除了義大利麵及午餐拼盤等餐點，也有賣甜點及無酒精飲料。🕐10:30～17:00 🈯週日 🏠斜里町文光町50 🚌JR知床斜里站步行7分 🅿5輛

→「莓果芭菲」（770円）

宇登呂 ◆こーひーあるびれお　MAP 31 A

美食 coffee albireo
☎0152-26-8101

攝影師夫婦經營的咖啡廳

在店裡現磨現沖、充滿香氣的咖啡，也很受當地人喜愛。這裡還有手作甜點、調和辛香料咖哩等每週更換的菜單。咖啡可外帶。🕐4月中旬～10月的11:00～16:30 🈯期間中的週二～四 🏠斜里町宇登呂東14 ファミリーショップささき2F 🚌宇登呂溫泉巴士總站即到 🅿無

→風味濃醇的「棕熊綜合咖啡」1杯550円（咖啡豆為200g1620円）

斜里 ◆らいうんのみず　MAP 附錄F-3

景點 來運之水
☎0152-22-2125（知床斜里町觀光協會）

內行才知道的實現願望之水

據說是由雄偉斜里岳的積雪經過數十載歲月化成湧泉，終年維持在6℃上下，夏天沁涼人心，冬天也不會結凍，是個隱身於來運公園裡的名勝。🕐自由參觀 🏠斜里町来運 🚌JR知床斜里站搭計程車15分 🅿6輛

→公園內有來運神社可以參拜

→每分鐘湧出5公噸的伏流水

喫茶 年輪
◆きっさねんりん
☎0152-23-1844
MAP 附錄G-1

當地養育的サチク豚豬肉漢堡排最受歡迎

木屋1樓的咖啡廳，以當地的「サチク豚」豬肉做的餐點最受歡迎。壁爐營造出溫馨舒適的氣氛。

→「和風鹿肉定食」（1300円）

🕐11:00～20:00 🈯不定休 🏠斜里町文光41-1 ペンションしれとこくらぶ1F 🚌JR知床斜里站步行8分 🅿15輛

しれとこ里味
◆しれとこさとみ
☎0152-23-2220
MAP 附錄F-3

日式海鮮餐廳，食材皆來自當地

招牌菜「炸什錦螺肉」精挑細選知床產的海螺，搭配多種蔬菜炸得酥脆，是店裡的主打菜色。

→「炸什錦螺肉冷湯蕎麥麵」（1100円）

🕐請至官網或電話洽詢 🈯無休 🏠斜里町新光町64 🚌JR知床斜里站車程15分 🅿20輛

知床くまうし
◆しれとくまうし
☎0152-26-7551
MAP 附錄H-1

可品嘗到北海道知名美食

午餐有低溫調理而成的北海道產豬肉丼飯與知床雞湯，僅晚餐時段提供的成吉思汗烤肉等多種北海道特色料理。

→放上五花肉與里肌的豬肉丼飯（綜合）1130円

🕐11:00～14:45、17:00～19:45 🈯週四（逢假日營業）🏠斜里町港町1 🚌JR知床斜里站步行3分 🅿使用斜里工房しれとこ屋停車場

旅行 PICK UP

JR知床斜里站附近的美食餐廳

搭乘火車或巴士前往宇登呂時，通常以斜里站周邊為旅遊據點，附近有許多餐廳可選。

宇登呂 ◆うとろおんせんゆうひだいのゆ　MAP 31 B

溫泉 宇登呂溫泉夕陽台之湯
☎0152-24-2811

從露天浴池可以看到鄂霍次克海景，室內浴池也可以看到。🕐6～10月為14:00～20:00（L.O19:30）🈯期間中無休 🈯500円 🏠斜里町宇登呂東429 🚌宇登呂溫泉巴士總站步行15分 🅿25輛

斜里 ◆きたのあるぷびじゅつかん　MAP 附錄G-3

景點 北之Alp美術館
☎0152-23-4000

展示山與自然的文藝雜誌《Alp》的發行資料。別緻的建築也很漂亮。🕐10:00～17:00（11～5月為～16:00）🈯週一、二，12月～2月底冬季休館 🈯免費入館 🏠斜里町朝日町11-2 アルプ通り 🚌JR知床斜里站車程4分 🅿6輛

知床半島

周邊圖 ▶ 附錄正面

0 ─── 3km

◉景點 ◉玩樂 ⚪美食 ♨温泉 ⚪購物 ⓗ住宿

鄂霍次克海

ルシャ湾

ウンメーン岩

神之水瀑布

禁止通行

前方禁止通行

18:00〜7:30晚上
到早上禁止通行

知床大橋

硫黄山川

カムイワッカ湯の滝

P.40
知床世界遺産
Rusa Field House

ルシャ山
848.4

エゾシレト岬

93

硫黄山
1562.3

東岳
1520

P.4·12·13·22 知床五湖

知床五湖 Field House P.22

知床五湖公園服務中心 P.23

岩尾別

夏季知床五湖周邊會實施私家車交通管制

知円別岳
1544

南岳
1459

P.27 知床Outdoor Guide Center

クンネポール
象の鼻

湯の華の滝

ホテル地の涯

オッカバケ岳

知床連山

サシルイ岳
1564

羅臼町

岬町

天狗岩
朔北山

ペンションラウスクル

P.13 Furepe瀑布
P.31 Puyuni岬

Furepe瀑布歩道 P.30
知床自然中心 P.30

見晴橋

知床

三ツ峰
1509

刺網橋

サシルイ岬

賞美景與夕陽的名勝。能俯瞰鄂霍次
克海、並將宇登呂港盡收眼底。

87

知床 Nature Office P.23·27

每年五月〜11月上旬開放通行
冬季則禁止通行

羅臼岳
1661

屏風岳

漁師の店 かにや ホロベツ店
ウトロ崎

ボンホロ沼

知床横断道路 P.13

知床半島

海岸

P.31 宇登呂

うとろ・
シリエトク

チャシコツ崎
いるかホテル

334

P.40 知床羅臼温泉遊客中心

P.41 羅臼間歇泉

陶灯りの宿 らうすの湯

温泉民宿 しば

弁財崎

338

知床の森のガイドゆらり
P.27

ウトロ

斜里町

ベレケ川

天頂山
1046

知床峠 P.19

知床峠PA
740

国設羅臼温泉野営場

登山口

ホテル峰の湯

P.41
鷲の宿

看得到鯨魚的山丘公園展望露台 P.35

立岩
ガイズ岩

遠音別
三重の滝

Oshinkoshin瀑布 P.31

オシンコシン展望台

連續降雨達70mm則規制

望岳台

P.37 羅臼湖健行之旅

展望台

羅臼湖

650

見返り峠

熊之湯露天大浴池
P.36

羅臼

湯の沢橋

マッカウス洞窟のひかりごけ

知床·
らうす

P.40 羅臼

知床羅臼 濱田商店 P.39

知西別岳
1317

小清水

遠音別岳
1330.4

根室海峡

P.41 惣万水産

浜っ子山ちゃん P.41

知昭町

松法漁港

オタフク岩

羅臼高

礼文町

松法町

羅臼の宿 まるみ

民宿まるみ食堂 P.17

標津町

羅臼オートキャンプ場

春苅古丹橋

335

緑栄橋

羅臼峠
80

幌萌町

猫山
553.1

峯浜町

吉川牧場

羅臼町郷土資料館 P.41

陸志別橋

標津町市街

33

羅臼
（らうす）

多種鯨豚出沒的狹長海域——羅臼外海，
放眼全世界也非常罕見。
還可遠眺知床連山、國後島，充分享受大自然！

外海賞鯨豚

釧路站出發的交通方式

🚌 巴士　搭阿寒巴士往羅臼方向至羅臼營業所3小時35～45分

🚗 車　從釧路中心經國道272·244·335號至羅臼市區160km

觀光資訊

知床羅臼町觀光協會
☎0153-87-3360

MAP P.33·40

5～7月 期待度No.1

虎鯨

成年雄性個體全長約9m，高聳的背鰭也更加醒目，會襲擊海豹、海豚甚至是其他鯨魚，又被稱為「海中王者」。

目擊率 最高65%（2022年6月）

體驗重點

所需時間 約2小時30分　天候或海況可能導致無法出航 ☂

體力 ★☆☆	各年齡層都可參加
難易度 ★★☆	擔心會暈船的人記得自備暈船藥
服裝	船上風大記得帶外套

虎鯨在浮窺！
頭部探出海面偵測四周狀況，是特有的動作

搭這家的船！

知床Nature Cruise
しれとこねいちゃーくるーず

☎0153-87-4001　MAP 40 B

許多電視媒體報導、藝人來訪的人氣船公司，導覽人員會從抹香鯨捉到獵物時發出的聲音大小、噴水的角度等細微的線索，引領遊客看到這些海中生物的全貌。

🏠 羅臼町本町27-1(道の駅 知床・らうすの裏)
🚌 阿寒巴士羅臼本町即到　🅿10輛

↑長谷川船長本身也是知名人物，他會和其他家的船連絡來找鯨魚

↑發現抹香鯨換氣時噴的水後再接近

運航DATA
賞鯨豚海鳥行程

【期間】4月下旬～10月中旬
※需預約。如當天有位也可搭船

【所需】約2小時30分

【時間】9:00、13:00

【值段】大人8800円，小學生4400円（學齡前兒童免費）

冬天還有賞流冰之旅！ P.93

先去公路休息站確認船班動態！

公路休息站 知床・らうす
みちのえきしれとこらうす

☎0153-87-5151　MAP 40 B

觀光服務處位於建築物中間，公告板上寫有當天觀光船的船班動態，還有一個大螢幕播放當地活動、捕魚過程等羅臼的四季景象。🕐9:00～17:00(11～3月為10:00～16:00，餐廳則視店鋪而異) 🍴視店鋪而異 🏠羅臼町本町361-1 🚌阿寒巴士羅臼本町即到 🅿81輛

↑以影片介紹觀光船的模樣

道の駅 知床・らうす

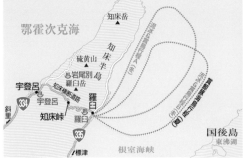

搭船流程

出航！

↑將船長以前搭過的「長榮丸」號英譯取名為「Evergreen」

↑穿上救生衣，有的還有藝人的簽名

↑步行5分鐘到羅臼漁港乘船處，各家公司都有指示牌

↑售票處在「公路休息站 知床・らうす」後方，發船30分鐘前辦好手續

知床 羅臼外海賞鯨豚

鐵路 釧路濕原 P.50
阿寒 屈斜路·摩周湖 P.64
網走 P.78
旅遊便利資訊 P.94

P.20

孕育豐富海洋生態的世界遺產之海　搭船去 羅臼

羅臼 知床感動體驗 最受歡迎的 No.1

7～10月 抹香鯨

下潛時高舉尾巴的姿態令人印象深刻，有些雄性個體會超過15m

目擊率 最高 **97%**（2022年9月）

期待度 No.2

這些動物都可能遇得到喔！

5～10月 白腰鼠海豚

游得很快，不會高高跳起，而是淺淺地掠過海面並激起浪花

目擊率 最高 **93%**（2022年8月）

8～10月 貝式喙鯨

長長的嘴巴像鳥喙是其特徵，也是名字的由來

目擊率 最高 **7%**（2022年5月）

發現虎鯨！

5～7月 水薙鳥

遠從澳洲塔斯馬尼亞飛來覓食，多的時候好幾萬隻成群飛舞

目擊率 最高 **99%**（2022年6月）

※以上介紹的動物情況及機率並非固定不變，僅供參考。

賞鯨豚船能看到的 動物月曆

月	1	2	3	4	5	6	7	8	9	10	11	12
小鬚鯨												
抹香鯨												
貝式喙鯨												
虎鯨												
太平洋斑紋海豚												
白腰鼠海豚												
環海豹												
斑海豹												
海獅												
灰水薙鳥												
短尾水薙鳥												
虎頭海鵰												
白尾海鵰												

■ 很常看到　■ 偶爾會看到

想從陸地上看鯨豚就來這裡！

看得到鯨魚的山丘公園景觀露台

くじらのみえるおかこうえんてんぼうでっき
☎0153-87-2126（羅臼町產業創生課）　MAP 33 C-2

位於羅臼燈塔旁邊的懸崖上，天氣好的時候連國後島都能看得一清二楚，有機會還能看到鯨魚的尾鰭、噴水或海豚喔！14點～日落30分鐘前比較好觀察，記得帶上望遠鏡。若冬天下雪會禁止通行。

🕙自由參觀（冬季關閉）　🏠羅臼町海岸町　🚌阿寒巴士羅臼營業所搭巴士往相泊5分，隧道口下車即到　🅿3輛

✪日本唯一為了賞鯨而建的展望露台

其他羅臼觀光船

哥吉拉岩觀光

ごじらいわかんこう
☎0153-85-7575　MAP 40 B

經營多種周遊知床的觀光船行程，以多年來的經驗駕駛，看到鯨豚的機率很高。

🕙4月下旬～10月中旬（1天2班）※需預約。如當天有空位也可搭船　休可能因雨天或海況而停駛　¥賞鯨豚巡遊（約2小時30分）8800円　所羅臼町本町30-2　🚌公路休息站 知床‧らうす即到　🅿50輛

觀光船 Hamanasu

かんこうせんはまなす
☎0153-87-3830　MAP 40 B

會在不驚動海中生物的前提下悄悄接近，能夠慢慢觀察。由擁有豐富生物知識的船員所帶來的導覽也廣受好評。

🕙4月下旬～9月左右 ※需預約，如當日有空位亦可搭乘　休期間內未滿最低出航人數5人或天候不佳時停駛　¥賞鯨之旅（約2小時30分～3小時）8800円　所羅臼町本町372-1　🚌公路休息站 知床‧うらす即到　🅿30輛

知床Aruran

しれとこあるらん
☎0153-87-4477　MAP 40 B

由可以看到根室海峽的民宿經營，重視安全性。船艙很寬敞，乘客可以放心享受旅程。

🕙4月下旬～10月底 ※需預約，如當天有位也可搭乘　休天候不佳時可能停駛　¥知床羅臼 根室海峽賞鯨之旅（約2小時30分）8800円　所羅臼町船見町 羅臼漁港内　🚌公路休息站 知床‧らうす步行5分　🅿使用鄰近停車場

記得先確認好
漲退潮時間再去

入浴前請向
管理員打聲招呼

❷離羅臼市區約22km處，也就是道道87號的盡頭再往回一點的地方設有指示牌，從這裡走階梯下到海岸邊就能看到露天浴池

天晴在海邊露天浴池
能遠眺海面上的國後島

瀬石溫泉
せせきおんせん

☎0153-87-2126
（羅臼町產業創生課）
MAP 附錄 I-2

泡在海岸邊的岩石浴池裡，感覺就像和大海融為一體一樣。從岩礁湧出的溫泉當退潮時可能達70℃高溫，漲潮時又會被淹沒，很難掌握享受的時機。

期間 7月〜9月上旬（會因氣候而變動，漲潮時禁止入浴）¥免費
所羅臼町瀬石 阿寒巴士羅臼營業所搭巴士往相泊35分，セセキ溫泉下車，步行10分 P5輛
HP https://rausu-konbu.com/seseki/

❷昆布小屋羅列的瀬石
岩岸上湧出的天然溫泉

check!
●浴池數 1（混浴）
●穿著泳衣 可（人多時）
●更衣處 無

海浪聲悅耳的半露天浴池
僅夏季會設置臨時棚子

相泊溫泉
あいどまりおんせん

☎0153-87-2126
（羅臼町產業創生課）
MAP 附錄 I-2

比瀬石溫泉更靠近知床岬，位於相泊港附近的海岸上，是當地採昆布的漁夫為了暖和身子而建的露天浴池，每年6月中旬會搭設起棚子，但不遮住朝海的那面，所以視野非常開闊。

期間 6〜9月上旬（會因氣候而變動）的日出〜日落
¥免費 所羅臼町相泊溫泉 阿寒巴士羅臼營業所搭巴士往相泊40分，終點下車，步行10分 P6輛

❷照片是棚子搭起來後的樣子，變成半露天浴池

沒有棚子時
長這樣

check!
●浴池數 男女別各1
●穿著泳衣 有棚子時不可
●更衣處 有

↑6月中旬之前都像照片一樣毫無遮蔽

羅臼 最受歡迎的
知床感動體驗 No.2

絕景
露天浴池

羅臼有些露天浴池，不僅免費，還擁有海景或山景，每一處的所在地都野性十足，深具魅力。

check!
●浴池數 男女別各1
●穿著泳衣 不可
●更衣處 有

許多露營人士也會來泡
不怕泡湯後著涼的大眾浴場

熊之湯露天浴池
くまのゆろてんぶろ

☎0153-87-2126（羅臼町產業創生課）**MAP** 33 B-3
位於國立羅臼露營場附近的大眾浴場，浴池離源泉很近，所以水溫非常高。由於沒有稀釋，泡完皮膚會很水嫩。24小時開放，晚上電燈亮了之後更有祕湯的氣氛。

🛁入浴自由（5:00〜7:00清掃不可入浴）¥免費
所羅臼町湯ノ沢町 阿寒巴士羅臼營業所車程5分 P10輛

❷從橋上橫跨這條羅臼川就能在樹叢中看見露天浴池

晚上祕湯感
十足！

❷男生池沒有圍牆，可以欣賞風景

體驗重點

所需時間 **30**分　雨勢不大就可以泡

體力 ★★★　各年齡層都可以

難易度 ★★★　不敢泡男女混湯的人請注意泳衣規定

服裝　建議穿方便穿脫的衣服

知床

絕景露天浴池／羅臼湖健行之旅♪

P.20

釧路 釧路濕原

P.50

阿寒 摩周・屈斜路

P.64

網走

P.78

旅遊便利資訊

P.94

來到三沼，也是這條步道的重頭戲之一，天氣好的時候可以看到聳立在沼澤後面的羅臼岳。

TIME 9:10 ③

相當於日本本島海拔2500m的亞高山環境！

到羅臼湖的大致路程

TIME 約8:40 ①
從步道入口進來先不會到一沼，而是先去二沼。

TIME 8:55 ②
二沼附近就是融雪滋養的珍貴植物群落，離木道很近，觀賞季是5月～7月下旬。

TIME 9:25 ④
走在步道上就能看到的濕原中最大的就是這個，幸運的話就能在附近看到近危物種的野鳥大田鷸。

羅臼 知床 體驗感動 No.3 最受歡迎的

拍紀念照

抵達羅臼湖！

TIME 10:10 ⑥
走到木道的盡頭就能看到羅臼湖的身影，從這裡折返，循原路回去。

↑在木道終點的觀景空間能以羅臼湖為背景拍照留念

羅臼湖 健行之旅♪

羅臼湖是知床最大的湖泊，沿路可以欣賞濕原及高山植物等當地獨特的自然景觀，做好萬全的登山準備，一起出發吧。

所需時間 **3～4小時**

會影響視線所以不建議 ☂

TIME 9:50 ⑤
穿過長滿山白竹及偃松的原野，就是五個沼澤中最大的五沼，附近長有許多泥炭苔。

體驗重點
體力 ★★★ 適合習慣爬山的人
難易度 ★★★ 建議跟專業嚮導開的旅行團
服裝 雨衣雨褲、雨靴、保暖衣物

準備。出發前，請做好萬全的食物以外嚴禁攜帶任何糧以外，除了緊急口息地帶，路途來回約然而這裡也是棕熊棲步道上是棕熊的自然花草、濕原與殘雪的觀賞高山植物、濕原達之前，沿路上是能湖泊──羅臼湖，在抵知床國家公園最大的野生動植物之美欣賞積雪及四個沼澤穿過濕原及上下起伏大的，約6km，路線上的廚根路線上的最高點注意腳邊的廚根矮竹掩住步道，小心路滑高山植物多7月前融雪流成小溪濕原陡坡陡坡雪溪

往知床・宇登呂

知床橫斷道路

羅臼湖步道健行地圖

334

巴士站 羅臼湖入口 ①

→往羅臼

見返り峠
目梨望通台

二沼 ②
雪田群落

三沼 ③

四沼 ④

五沼 ⑤

六沼 ⑥

羅臼湖

↑位於登山道上海拔最高處的四沼

健行注意事項

↑步道是為了保護高山植物，就算有泥濘也請不要走出步道。一定要穿雨靴，而且要有心理準備會弄得像照片這麼髒

羅臼湖步道

●らうすことれいる
☎0153-87-2828（知床羅臼遊客中心）
MAP 33 B-2
⏰6～10月中旬（知床橫斷道路開通期間）自由參觀 🚍羅臼町湯ノ沢町 阿寒巴士羅臼營業所搭巴士往ウトロ15分，羅臼湖入口下車，至步道入口即到（班次不多，需事先確認）🅿使用知床峠停車場（步道入口處無停車場，從知床峠至步道入口需走2.5km左右）

步道沿途的自然生態

↑山谷等斜面上留著溪狀積雪，有些地方可以同時看到雪跟花

↓6月中旬～7月左右披上白色絨毛的白毛羊鬍子草

↓6月中旬～7月上旬可以看到偃松的雌花，6月中旬～8月上旬開花

↓岳樺被積雪壓倒，有的像是要趴在地面一樣，形狀多變

↑三沼的赤蝦夷松，冬季季風強勁，吹得西北側的枝葉都沒了

建議跟專業嚮導團！

山路容易迷路，又是棕熊的地盤，而且4～7月上旬積雪還沒融完，路不明顯，參加當地嚮導團比較安全。雨靴可以免費租借，雨衣雨褲租金1000円，也是吸引人的地方。這次編輯部參加的是知床Nature Office（P.27）的「羅臼湖健行（7000円）」，宇登呂及羅臼許多戶外活動公司也都有開團，請洽知床羅臼觀光服務處。

◆位於公路休息站2樓，很方便順路過去，裡面有墊高的日式座位

其他 推薦菜色
●烤花魚定食…1800円
●知床地雞親子丼…850円
●知床前濱定食…1800円

●らうすのうみあじしれとこしょくどう
羅臼の海味 知床食堂
☎0153-87-4460 MAP 40 B

「公路休息站 知床·らうす」（P.40）二樓的海鮮食堂，老闆是漁夫，店裡能吃到現捕的海鮮料理。一樓有外帶區，很多人點「炸花魚漢堡」（450円）及「深層水霜淇淋」（330円）。
⏰8:00～18:30（冬季為～16:30）休無休 所羅臼町本町361-1 道の駅 知床·らうす内 阿寒巴士羅臼本町即到 P30輛

超大花魚飯糰
400円
直徑約13cm，白飯重450g，裡面包的是羅臼花魚的去骨碎肉，油脂豐富，非常美味。

滿滿一層羅臼的蝦夷馬糞海膽！

羅臼的

海膽丼
4500円
吃羅臼昆布長大的生蝦夷馬糞海膽，又鮮又甜，滿滿一層好過癮。

來這裡就沒錯
海鮮美食

知床的美食就在羅臼，當地漁獲做的海鮮料理每道都澎湃！更不要錯過粒鰈及牡丹蝦等羅臼特有的珍貴美味。

回想電視劇的劇情 大吃羅臼特有的海鮮

↑還可享受羅臼漁夫小屋的情調

知床海鮮 羅臼丼 2980円
約10種羅臼的海鮮鋪得滿滿的，包括鮭兒或時不知鮭，非常豪華。

其他 推薦菜色
●烤海獅…750円
●海膽丼…3000円～

●きたのくにからじゅんのばんや
北の国から 純の番屋
☎0153-87-5667 MAP 40 A

建築物仿造電視劇《來自北國 2002 遺言》裡純的家而建，由「舟木水產」水產加工公司直營，當季海鮮價格都非常合理。
⏰4月下旬～10月下旬的8:30～16:00 休期間中無休 所羅臼町礼文町 阿寒巴士羅臼本町步行5分 P15輛

前濱石狗公定食
2500円～
附羅臼海鮮做的生魚片及鱈魚子，分量十足。價格依石狗公大小而定。

↑仿造電視劇裡純的家而建，適合拍紀念照

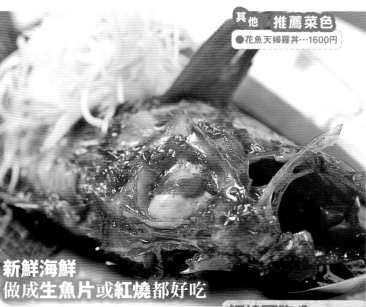

其他　推薦菜色
●花魚天婦羅丼…1600円

新鮮海鮮
做成生魚片或紅燒都好吃

● しきのあじいわみ
四季の味 いわみ

☎0153-87-4319　MAP 40 B

提供羅臼的海邊捕到的海鮮，店長有在阿寒及宇登呂掌廚的經驗，來到這裡將羅臼的海鮮美味細心料理。招牌菜色有日式紅燒高級魚石狗公、海鮮丼飯、生魚片定食等，每一道都能吃出海鮮的鮮美滋味。

🕐17:00～22:30　休不定休　所羅臼町富士見町4-1　🚌阿寒巴士羅臼營業所步行10分　P無

紅燒石狗公
3000円～
深海石狗公屬於高級魚，做成甜鹹的日式紅燒，油脂豐富，連魚頭都好吃。

↑也有包廂，自在又放鬆，可以喝得自在又放鬆

☎0153-87-3311　MAP 33 C-3

招牌是羅臼的生猛海鮮因而大受歡迎，有季節限定菜單如2～5月有海膽、6月有時不知鮭魚、7月的葡萄蝦等，水槽裡的螃蟹也可以現點現撈，當場以鍋子煮食。店裡也有附設伴手禮店，還能購買明太子、羅臼昆布等加工品。

🕐2～9月為10:30～15:00
休不定休　所羅臼町礼文町365-1
🚌阿寒巴士羅臼營業所車程5分　P10輛

↑進貨的新鮮海產在店裡現場加工

↑認明國道335號旁邊的黑色建築物

樸素豐富的滋味
只在漁港小鎮

其他　推薦菜色
●時鮭定食…2800円（夏季限定）
●葡萄蝦刺身一隻…2000円～

當日海鮮丼 3000円
有鮭魚卵、扇貝等7、8種羅臼海域的當季海鮮，附上鐵砲湯、醬菜。

其他　推薦菜色
●鹽味海鮮燴麵…1200円
●北海道炸章魚…600円

使用羅臼海鮮的創意料理備受好評

海鮮鍋巴
1300円（圖中）
海螺、紫黑魷、牡丹蝦、螃蟹等在羅臼捕撈的海鮮，以鹽提味並勾芡而製成。

● しゅんさいやゆらり
旬菜家 ゆらり

☎0153-87-2988　MAP 40 B

販售各式羅臼海鮮創意料理及鄉土料理的居酒屋，推薦菜色是以勾芡封住羅臼海鮮美味的「海鮮鍋巴」及「海鮮炒麵」。

🕐17:00～22:00　休週днем 所羅臼町富士見町108-12　🚌阿寒巴士羅臼營業所步行10分　P10輛

↑店內有分吧檯座跟和式座位，統一為柔和低調的風格

● いさみずし
いさみ寿し

☎0153-87-2148　MAP 40 B

「沒自信的品項就不賣」只有在漁港小鎮才能這麼任性，也因此供應的料理連當地人都很喜歡。透過目光精準的競拍仲介進貨的壽司料，以一整年都能吃到各種美味食材的知床產為主。

🕐16:30～21:30
休不定休（需確認）　所羅臼町富士見町4-7 いこいビル1F　🚌阿寒巴士羅臼營業所步行8分　P5輛

↑店內寬敞舒適，日式座位區可以當包廂用

知床海鮮丼
3190円
約11種食材都在這一碗，色彩繽紛，可嘗到大量羅臼海鮮。

由高手精挑細選的食材
做成豐富多樣的握壽司

知床握壽司
3190円
深海石狗公、粒鰈、海螺、蝦子等知床特有的食材，總共11貫。

其他　推薦菜色
●握壽司 特上生（9貫）…2530円
●握壽司 中生（9貫）…1650円

景點 知床羅臼遊客中心

☎0153-87-2828

羅臼觀光的第一站

這裡提供認識知床國家公園、享受此處大自然必備的資訊，並以看板等介紹知床的自然及歷史。

🕐9:00～17:00（11～4月為10:00～16:00）
休週一（7～9月無休，5～10月週一逢假日則開館）💴免費入館 所羅臼町湯ノ沢町6-27 🚌阿寒巴士羅臼營業所車程5分 🅿40輛

●館內還有展示動物的剝製標本及虎鯨的骨頭標本等

景點 知床世界遺產 Rusa Field House

☎0153-89-2722

來學習關於知床的自然吧

向以知床岬、知床岳等知床半島前端區域為目標的登山者、海洋獨木舟愛好者等遊客，提供規則、禮儀、當地最新資訊。在這裡還可以了解知床人與海洋之間的關聯。

🕐5～10月的9:00～17:00 休期間中週二 💴免費入館 所羅臼町北浜8 🚌阿寒巴士羅臼營業所車程30分 🅿4輛

●地上有虎鯨實際大小的插圖

景點 羅臼國後展望塔

☎0153-87-4560

一覽國後島與羅臼街區的景色

位於海拔167m高地上的觀景台，距羅臼町中心街區不遠。隔著呈現在眼前的根室海峽，能望見25km外的國後島壯麗景色。

🕐9:00～17:00（視時節而異）
休週一（逢假日則翌日休，5～10月為無休）💴免費 所羅臼町礼文町32-1 🚌阿寒巴士羅臼營業所車程5分 🅿17輛

●西北側能望見羅臼岳

公路休息站是羅臼的觀光資訊站
當地的海產及加工食品種類齊全

公路休息站 知床・らうす

みちのえきしれとこらうす　MAP 40 B

☎0153-87-5151

公 路休息站位於羅臼町的中心，設有觀光服務處、伴手禮商店、以及海鮮餐廳「羅臼の海味 知床食堂」（P.38）。中間那棟設有大型螢幕，播放賞鯨豚船（P.34）等羅臼的四季風情。左右棟則販售當日捕撈上岸的新鮮漁獲，以及花魚乾、羅臼昆布等海產加工食品。

🕐9:00～17:00（11～3月為10:00～16:00），餐廳為視店鋪而異 休視店鋪而異 所羅臼町本町361-1 🚌阿寒巴士羅臼營業所搭巴士往釧路3分，羅臼本町下車即到 🅿81輛

●羅臼漁協直營店「海鮮工房」裡，設有擺放椅子的休憩區

●「秋鮭羅臼昆布拌飯香鬆」（245円），使用秋鮭及羅臼昆布的鬆軟型香鬆

人氣伴手禮

●「迷你點心昆布」（525円）外型仿造出貨用的紙箱，很可愛

※實際價格可能會調整。

人氣 公路休息站

●照片前方是「知床羅臼交流中心」，後方是「海鮮工房」

●也有販售淺藍色的清爽海洋深層水霜淇淋

●「羅臼深層館」附設在地的水產公司「舟木商店」及阿部商店

地圖標示：
宇登呂　A　B　相泊
知床未来中心
阿寒巴士羅臼營業所
這裡是羅臼的巴士站　共栄町会館
漁協鮮度保持施設
栄町　羅臼神社 P.41　這裡有電影（地の涯に生きるもの）裡主角森繁久彌扮演的「鄯霍次克老人」銅像
熊越橋　共栄町　船見町　しおかぜ公園
羅臼町役場　国民病院
鄉土料理 ひろ瀬　漁業組合前
這裡有玩相撲的小熊等充滿知床風格的銅像
綠町 P.39 旬菜家 ゆらり　富士見町　知床Aruran P.35
P.39 いさみ寿し　栄屋　幾乎所有的觀光船都是從羅臼漁港出海。
P.39 四季の味 いわみ　羅臼小
羅臼町　羅臼八
町立林間キャンプ場
P.17 ERU Takeout Drink Shop　●哥吉拉岩觀光 P.35
●觀光船 Hamanasu P.35
本町　誠諦寺　●公路休息站 知床・らうす P.34・40
─知床羅臼町觀光協會 P.41
─羅臼の海味 知床食堂 P.13・38
民宿よね丸　三德冷蔵　●賞鯨豚 P.5・13
P.40 羅臼國後觀景塔
Shiretoko Serai P.97　●知床Nature Cruise（流冰觀光知床Nature Cruise）P.34・93
●cho-e-maru P.41
羅臼　●北の国から 純の番屋 P.38　根室海峽　羅臼
礼文町　標津　周邊圖▶P.33
0　200m

P.20
P.50
P.64
P.78
P.94

釧路 釧路濕原
阿寒 摩周・屈斜路
網走
旅遊便利資訊

cho-e-maru

羅臼 ●ちょうえいまる　　MAP 40 B

🛒 購物

📞 0153-87-4001（知床ネイチャークルーズ）

販售原創的抹香鯨、虎鯨商品

由以賞鯨豚廣受歡迎的「知床Nature Cruise」所經營的店。販售以抹香鯨和虎鯨為形象設計的手作雜貨等商品。

🕘9:00～17:00（會視觀光船出港時間變動）　休不定休　所羅臼本町14-1　🚌阿寒巴士羅臼本町即到　P4輛

↩虎鯨的原創T恤和毛巾很有人氣

浜っ子山ちゃん

羅臼 ●はまっこやまちゃん　　MAP 33 B-3

🍴 美食

📞 0153-88-2689（日中は 090-6262-8127）

自助炭火燒烤店

由漁夫經營，夏季限定的炭火燒烤店。在這裡能以實惠的價格吃到自助燒烤，廣受家庭客及團體客的好評。「海鮮燒烤」（3500円～）預約制。這裡設置的Ride House可免費使用（無僅住宿服務）。

🕘4月下旬～9月為10:00～17:00（需預約）　休期間中不定休　所羅臼町八木浜町8-1　🚌阿寒巴士羅臼營業所車程11分　P20輛

↩加了數種海鮮的東海鱸魚鍋鍋燒（3000 円）

↩飾著大漁旗和鮭魚乾的店裡，擺放著炭烤台

羅臼神社

羅臼 ●らうすじんじゃ　　MAP 40 B

🏞 景點

📞 0153-87-2225

虎鯨圖案的護身符蔚為話題

於江戶時代幕末時期，為祈求羅臼區域的航海平安、漁獲豐盛而建的神社。作為知床的總鎮守，位處高地守護著羅臼的街區。

🕘自由參拜（授與所為7:00～19:00※時間外的對應則需洽詢）　所羅臼町栄町127-1　🚌阿寒湖巴士羅臼營業所步行10分　P20輛

↩羅幸福護身符上描繪著洄游至羅臼大海的虎鯨（虎鯨護身符）800円

↩腹地內自然豐饒，還會出現蝦夷鹿等野生動物的蹤跡

超人氣！羅臼特有的體驗

近距離感受羅臼的大自然

知床岬 棕熊船行程

由熟悉羅臼海域的漁夫掌舵，坐上小船往知床岬的方向探險去，4～6月能觀察來到海邊的棕熊，7～8月則可以看到迴游回來的鮭鱒魚跟海中茂密的昆布。

體驗DATA

期間	4月中旬～10月下旬
需時	約2小時30分
人數	洽詢各觀光船公司
費用	洽詢各觀光船公司

📞 0153-87-3360（知床羅臼Lincle）　DATA見下方

知床羅臼町觀光協會

しれとこらうすちょうかんこうきょうかい

📞 0153-87-3360　🕘9:00～17:00　休週六日、假日　所羅臼町本町361-1　🚌阿寒巴士羅臼本町即到　P81輛　MAP 40 B

昆布整形體驗

羅臼昆布從採收到製作成商品為止約要花上100天。聆聽現役漁夫的說明，接著就能開始體驗左右昆布等級的重要工程－昆布整形步驟。

體驗DATA

期間	全年
需時	約1小時30分
人數	需洽詢
費用	4400円

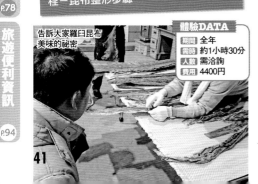

↩告訴大家羅臼昆布美味的祕密

↩世界上體型最大的貓頭鷹之一：毛腿魚鴞

觀察貓頭鷹

毛腿魚鴞的已確認個體數在北海道只剩160隻，被列為瀕臨絕種生物，而在民宿「鷲之宿」就能看得到，享受這難能可貴的體驗吧。

體驗DATA

	一整年都可以觀察
人數	1名起～
費用	觀察攝影4000円

鷲の宿

わしのやど

📞 0153-87-2877　MAP 33 C-2

🕘IN15:00、OUT10:00　¥1泊2食11000円～（含觀察貓頭鷹）、觀察攝影費4000円　所羅臼町共栄町6　🚌阿寒巴士羅臼營業所車程10分　P20輛

瀬石瀑布

羅臼 ●せせきのたき　　MAP 附錄 I-2

🏞 景點

📞 0153-87-2126（羅臼町產業創生課）

從車窗就能望見世界自然遺產內的瀑布，是絕佳的避暑私房景點。春水量會因融雪而增加，瀑布的水還會噴濺至馬路上。

🕘自由參觀　所羅臼町瀬石　🚌阿寒湖巴士本町車程45分　P無

羅臼間歇泉

羅臼 ●らうすかんけつせん　　MAP 33 B-3

🏞 景點

📞 0153-87-2828（知床羅臼ビジターセンター）

北海道指定的天然紀念物。位於知床羅臼遊客中心步行5分的地方，現在噴泉約50分～1小時會噴發一次。

🕘自由參觀　所羅臼町湯ノ沢町6-27　🚌阿寒湖巴士羅臼營業所車程5分　P40輛（知床羅臼遊客中心）

羅臼町鄉土資料館

羅臼 ●らうすちょうきょうどしりょうかん　　MAP 33 B-4

🏞 景點

📞 0153-88-3850

羅臼町的松法川北岸遺跡 ── 獲指定為國家重要文化財為必看的貴重出土品。

🕘9:00～17:00　休週六日、假日（7～9月中旬為無休）　¥免費入館　所羅臼町峯浜町307-1　🚌阿寒湖巴士羅臼營業所車程26分　P30輛

惣万水産

羅臼 ●そうまんすいさん　　MAP 33 B-3

🛒 購物

📞 0153-88-2208

販售在羅臼昆布之中也尤其稀少的「走り昆布」，據說能煮出風味香濃的高湯。

🕘7:00～18:00　休週日　所羅臼町八木浜町145-2　🚌阿寒湖巴士羅臼營業所車程7分　P30輛

觀景台上有咖啡廳，賣霜淇淋等美食

根釧台地地坡度和緩，大地風光一望無際。廣袤的草原是酪農的天地，沿海一帶則以漁業為主。也不妨走遠一點，能遠眺北方領土的納沙布岬。

海岬與濕原 快意兜風之旅

根釧台地的超廣角風景 親眼見證地球是圓的

從羅臼到中標津的交通方式

🚌 巴士　羅臼營業所搭阿寒巴士往釧路1小時30分，中標津バスターミナル下車

🚗 車　羅臼市區經國道335、244、272號，至中標津市區66km

觀光資訊

中標津觀光協會 📞0153-77-9733
標津町商工觀光課 📞0153-82-2131
別海町商工觀光課 📞0153-75-2111
根室市觀光協會 📞0153-24-3104

MAP P.42・附錄

1 開陽台 ●かいようだい

📞0153-73-3111(中標津町役場經濟振興課)
MAP附錄G-4

位於町營開陽牧場高台上的觀景台，根釧台地330度的超廣角視野讓人懾服，北方還有巍然屹立的知床連山。

🕐頂樓全年開放(咖啡廳為4月下旬～10月營業，9月為9:00～17:30、10月為～16:00)　休期間中無休　¥免費入場　所中標津町俣落2256-17　根室中標津機場車程20分　P60輛

2 椴原 ●とどわら

📞0153-82-1270(野付半島ネイチャーセンター)
MAP附錄I-4

海水滲入土壤使得整片椴松林豎立著枯死，從野付半島自然中心到椴原有完善的步道。

🕐自由參觀　所別海町野付　根室中標津機場車程45分　P60輛(野付半島自然中心)

↑位於前方5～6km的「NAEAWARA」，水楢也因為同樣理由而枯死

搭上觀光船前往椴原！

別海町觀光船 ●べつかいちょうかんこうせん

📞0153-86-2533　MAP附錄H-5

往返於尾岱沼港與野付半島的觀光船。於6月下旬至7月中旬及10月中旬左右，還能看到高掛白色三角帆的打瀨舟在捕撈北海縞蝦。

🕐5月中旬～10月底的8:30～17:00　休期間中無休(會視天候而臨時休)　¥乘船費3200円(來回)　所別海町尾岱沼港町232　根室中標津機場車程45分　P10輛

↑棲息在灣內的野生海豹

每年逐漸風化，再過不久就看不到這片風景了

從野付半島自然中心到椴原走路大約30分鐘

4 三隻小豬的家 ●さんびきのこぶたのいえ

有如童話般的三間小屋

📞0153-74-9018(別海町觀光協會)
MAP附錄I-6

位於道道475號路旁的三間小屋。在這裡可以欣賞到小屋每季呈現出的不同風景！從春天到夏天佇立於翠綠草原中、秋天呈現荒涼寂寥的氛圍，冬天則靜靜融入一片雪白之景。

🕐自由參觀(僅限外觀)　所別海町走古丹　根室中標津機場車程1小時　P無

↑童話般的風景在社群上蔚為話題

一覽酪農王國・別海的廣闊全景風光

3 新酪農村觀景台 ●しんらくのうそんてんぼうだい

眼前呈現整片綠色的廣大平原，以及低頭吃草的牛群

📞0153-75-2111(別海町商工觀光課)
MAP附錄H-6

能一覽1973年起整設為大規模酪農村的廣大牧草地，星星閃耀的夜晚風景也十分漂亮。

🕐自由參觀　所別海町別海396-7　根室中標津機場車程45分　P5輛

↑觀景台附近還有獨特拍照景點

知床

根室中標津機場出發的快意兜風之旅

P.20

釧路 釧路濕原 P.50

阿寒 摩周 屈斜路 P.64

網走 P.78

旅遊便利資訊 P.94

初夏時節百花齊放的原生花園

✈ 從根室中標津機場出發

地平線、

兜風路線從中標津機場出發，走海線向釧路前進，沿路經過山丘、大海、海岬、濕原等等，是道東特有景色變化萬千的路線，建議規劃兩天一夜好好享受觀光景點，趕時間的話也可以濃縮成一天。

9 霧多布濕原
● きりたっぷしつげん

↑琵琶瀬觀景台（MAP 附錄 H-7）看出去的濕原風景

☎0153-65-2552（霧多布濕原中心）
MAP 附錄 H-7
濕原面積足足有3168公頃之大，也是知名的花卉寶庫，若想充分欣賞濕原植物，建議在初夏（7月中旬）前來。
🚶自由散步 📍浜中町四番沢20
🚗根室中標津機場車程1小時30分
🅿20輛

順便到此一遊

霧多布濕原中心
● きりたっぷしつげんせんたー　MAP 附錄 H-7
☎0153-65-2779
提供霧多布濕原的最新自然消息，附設咖啡廳。
↑也有販售紀念品的商店
🕐9:00～17:00（11～3月為9:30～16:00）🈲5～9月為無休、10～4月為週二休（若週二為假日，則隔日休）、1月上旬～下旬冬季休館 💴免費入館 📍浜中町四番沢20 🚗根室中標津機場車程1小時30分 🅿30輛

海岸線斷崖連綿還有成群的野鳥

8 霧多布岬
● きりたっぷみさき

☎0153-62-2239（浜中町商工観光課）
MAP 附錄 H-7
海岬上立著白底紅紋的燈塔，頗有世界盡頭之感。從停車場到燈塔步行約5分鐘左右，也可以繞過燈塔走到陸地盡頭。
🚶自由散步 📍浜中町湯沸 🚗根室中標津機場車程1小時30分 🅿50輛

↑紅白色的燈塔與野花草原呈現對比之美

順道一遊 景點

在此挑選出移動行進或觀光時推薦大家可順道一去，內有著小賣店和餐廳的複合式設施，以及擁有豐富原創雜貨的商店！

根原車程25分

公路休息站 標津サーモンプラザ
● まちのえきしべつさーもんぷらざ

☎0153-85-7125　MAP 附錄 H-4
位於「標津鮭魚科學館」旁的複合設施。在這裡的餐廳能品嚐到使用標津特產鮭魚所製作的午餐。
🍴餐廳：午餐11:00～14:00、咖啡廳14:00～17:00、晚餐17:00～20:00（晚餐需預約），商店：10:00～17:00 🈲週三 📍標津町北6-1-2 🚗根室中標津機場車程25分 🅿30輛

↑販售津標町特產等的商品販售區

↑醬油檸檬奶油風味的津標鮭魚排膳1700円

開陽台車程20分

とみおかクリーニング 本店
● とみおかくりーにんぐほんてん

☎080-4665-4627　MAP 附錄 H-5
在中標津的洗衣店，售有原創雜貨和友善生活商品。裝在牛奶罐中的原創洗衣精，溫和又能洗得潔淨而廣受好評，推薦可買來當伴手禮。
🕐9:30～18:30（週日、假日為10:00～17:00）🈲週三 📍中標津町西1南1 🚗根室中標津機場車程8分 🅿6輛

↑とみおかクリーニング的護手霜1980円

↑原創洗衣精2420円

7 落石岬
● おちいしみさき

☎0153-23-6111
（根室市商工労働観光課）
MAP 附錄 I-6
根室半島南端突出太平洋的台地型海岬，從道道1123號終點步行穿過木道，就能看見海岬尖端的燈塔。
🚶自由散步 📍根室市落石西392-1 🚗根室中標津機場車程1小時20分 🅿無

↑落石岬的斷崖，能將燈塔看得一清二楚

高山杜鵑盛開於5月下旬～6月中旬

↑海岬的象徵——納沙布岬燈塔立在尖端

6 納沙布岬
● のさっぷみさき

☎0153-24-3104（根室市観光協会）
MAP 48　　　　DATA▶ P.48
納沙布岬是日本本土最東邊的海岬，能親眼觀看北方領土，附近整頓為望鄉の岬公園，裡頭設有領土返還祈願碑。

日本最東邊的海岬北方領土近在眼前

↑建議先去自然中心掌握重點再開始逛

白尾海鷗、丹頂鶴等野鳥的樂園

5 春國岱
● しゅんくにたい

☎0153-25-3047
（根室市春國岱原生野鳥公園自然中心）
MAP 附錄 I-6
這座長達8km的島將風蓮湖和根室灣區隔開來，是沙泥地、草原、濕原和森林並存的野生生物寶庫。夏天盛開的野決明，秋天染紅的珊瑚草都很值得一看。
● 根室市春國岱原生野鳥公園自然中心 🕐9:00～16:30（4～9月為～17:00）🈲週三（逢假日則翌日休）、假日翌日休 📍根室市東梅103 🚗根室中標津機場車程1小時30分 🅿30輛

面朝鄂霍次克海的酪農王國

別海

^{べつかい}

充滿北海道風情的平原廣布，是座田園格調的城鎮。擁有扇貝、北海條紋蝦等海產，以及產量為日本第一的鮮乳等豐富的山珍海味。亦推薦大家前往野付半島走走。嘴──野付半島走走。

因為是在野付半島捕撈，大顆又美味！

近距離瞧瞧

巨大扇貝的魅力

在野付半島沿海捕撈的扇貝格外地巨大，且肉質厚實又美味，因而廣受好評。知曉扇貝巨大又美味的祕密之後，就來去品嚐使用巨大扇貝製作的料理吧！

> 巨大扇貝
> 小知識

漁場

漁場在野付半島沿海周邊。扇貝所捕食的浮游生物，會從知床半島與國後島之間延伸至鄂霍次克海的狹窄海峽，大量流進野付半島。再加上這裡有扇貝方便游動的厚層沙地等，匯集了對扇貝而言最棒的生長環境。

推薦吃法

扇貝和乳製品搭配起來也十分對味。奶油燒烤的吃法，能把奶油的香醇與貝柱的鮮美滋味凸顯出來。當然推薦能吃到Q彈口感的生吃法，來享受會隨著切法變化的口感吧！

風味特徵

由於採海域放流的方式放養，在大海中活躍地優游之下，成長茁壯的貝柱凝聚了鮮美滋味，就算煮熟也不會變硬。養育在對扇貝來說最棒的漁場，特徵是肉質肥厚且風味香濃。

應時產季

捕撈期為每年12月～5月上旬。捕撈後在離漁港很近的加工廠剝殼，因為會採急速冷凍所以非常新鮮！想要品嘗活扇貝的話，一定要在產季到當地品嘗喔！買到活扇貝之後，還可以到附近的露營區BBQ！（※需預約）

根室中標津機場出發的交通方式

🚌 **巴士** 搭根室交通「中標津機場線」40分，別海町交流館ぷらと下車

🚗 **車** 走道道69、774、8號及國道243號至別海市區，行駛距離29km

觀光資訊
別海町觀光協會
📞 0153-74-9018

MAP P.42・附錄

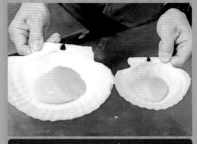

別海的扇貝為什麼這麼大？

養育野付扇貝的漁協，採用將扇貝放流至天然漁場養育的海域放流方式。
一般2～4年左右便會進行捕撈，而別海的扇貝則在野付這片營養豐富的海域中養育了3～4年。因此個頭會長得比其它地方的更大，風味也更加濃郁。

透過 **實際尺寸** 比較看看吧！

在故鄉稅中也很受歡迎！

別海町的普通尺寸

0 ──── 1cm

常見的大小！
本州的迴轉壽司尺寸

6S尺寸
1kg的顆數…81顆以下
1顆的重量…12g以下

於超市等處販售
北海道的平均尺寸

3S尺寸
1kg的顆數…41～50顆
1顆的重量…20～24g

M尺寸
1kg的顆數…26～30顆
1顆的重量…33～38g

樣本

500
平成二十四年

知床

近距離雕雕巨大扇貝的魅力

P.20

釧路 釧路溫泉
P.50

阿寒 摩周・屈斜路
P.64

網走
P.78

旅遊便利資訊
P.94

飼育在廣大的草原之上而更加美味！

使用產量日本第一 別海牛乳 製作的 甜點也別錯過！

這就是別海牛乳！

別海町飼育約11萬頭牛，數量接近町內人口7倍，堪稱酪農王國。在這裡的咖啡廳可以品嘗到從健康乳牛產出牛乳所製作的甜點，要不要來這樣的咖啡廳休息一下呢？

夏威夷豆鬆餅 （1200円）
使用別海牛乳製作的低甜度夏威夷豆鮮奶油霜，與蓬鬆柔軟的鬆餅非常對味。

CAFE TRUNK
かふぇとらんく
☎0153-74-8133　MAP 附錄 H-5

道地的自家烘焙咖啡和鬆餅很受歡迎。鬆餅約有10種口味，而咖啡與別海牛乳搭起來很棒的「別海特調咖啡（450円）」最受歡迎。

🕐11:00～17:00　休週四
別海町別海旭町94
別海町交流館ぷらと巴士站即到
P 10輛

KOUSHI SARYO
こうしさりょう
☎0153-74-8750　MAP 附錄 H-5

原本為酪農農家的老闆所經營的日式咖啡廳。使用當地乳製品的原創菜單相當豐富。布丁屬於非固定菜單，想要確保吃到的話，建議最晚要在前一日預約。

🕐11:00～17:00　休週二
別海町別海旭町36 ステージハウス別海B1F　別海町交流館ぷらと巴士站步行3分　P 10輛

硬布丁 （420円）
採低溫慢慢蒸烤，因此能享受到別海牛乳的風味，是道相當講究的布丁。非固定菜單。

生起司蛋糕　429円
別海恩惠焦糖布丁　385円
別海牛乳義式奶酪　352円

每種蛋糕都使用別海牛乳製作，風味溫和。

cafe mille feuille
かふぇみるふぃゆ
0153-74-0668　MAP 附錄 H-5

出身別海町的甜點師老闆——千葉先生為了推廣在地乳製品的美味，於2015年開了這家店。在內用空間能品嘗盛裝在盤上的甜點和蛋糕。

在故鄉稅中也很受歡迎！！

🕐10:00～17:00　休週一、第2、4週二
別海町宮舞51-4　別海町交流館ぷらと巴士站步行5分　P 8輛

推薦在當地要吃的！

巨大扇貝菜單

扇貝天婦羅丼 （1200円）

奢侈使用扇貝貝柱製作的天丼。在對扇貝的大小感到驚訝的同時，彈牙的口感也令人無法抗拒。

食事処 白帆
しょくじどころしらほ
☎0153-86-2033　MAP 附錄 H-5

🕐11:00～19:30（7、8月15:00～17:00為休息期間）　休週一　別海町尾岱沼170　別海町交流館ぷらと巴士站車程30分　P 10輛

巨大扇貝的生魚片 （僅漁獲期） 1片600円～

中間商以老練精準眼光採購而來的扇貝，請一定要生吃看看！冰凍生魚片（※冷凍的生魚片在半解凍狀態下享用的鄉土料理）或油炸等料理方式，皆可全年供應。

酔楽まる太 別海店
すいらくまるたべつかいてん
☎0153-74-0766　MAP 附錄 H-5

🕐17:00～22:30　休週日　別海町別海旭町36 ステージハウス別海1F　別海町交流館ぷらと巴士站步行3分　P 10輛

別海牛乳＆別海扇貝漢堡 （1100円）

將扇貝用春捲皮包裹起來油炸，配上蔬菜及起司，再用漢堡麵包夾起來。附別海牛乳。在「ジャンボ 双葉」、「ポークチャップの店ロマン」等店都能吃得到。　※照片為ジャンボ 双葉的產品

ジャンボ双葉
じゃんぼふたば
☎0153-75-2221　MAP 附錄 H-5

🕐11:00～14:00、16:00～19:00　休不定休　別海町別海緑町25　別海町交流館ぷらと巴士站車程3分　P 15輛
※ジャンボ 双葉可以外帶

ポークチャップの店 ロマン
ぽーくちゃっぷのみせ ろまん
☎0153-75-2458　MAP 附錄 H-5

茄汁豬肉與店家DATA→P.47

※貝柱有規格範圍內的差異，照片僅作參考。

只有在野付才捕撈得到

夢幻尺寸

J尺寸
1kg的顆數…11～15顆
1顆的重量…67～90g

在有小馬跟兔子嬉戲的牧場
享用清爽的午餐

無限享用中標津高達起司！

中標津 むらかみうどん
●むらかみうどん

☎0153-77-9977 MAP附錄 H-5

道地的讚岐烏龍麵店。每天在店裡使用100%道產小麥製作烏龍麵。店家自豪的卡波納拉義大利麵，可隨喜好無限量地添加中標津產的高達起司。這間同時也是刊登於米其林指南的人氣店家。

⊡11:00～15:00（麵售完打烊）
休週三（有不定休）所中標津町東2北1-1-11
🚗根室中標津機場車程9分 ᴘ20輛

卡波納拉義大利麵 1078円
使用當地產牛乳，與富有嚼勁的烏龍麵十分搭配。可加上大量高達起司一起享用。

↑店內明亮時髦，女性一人也可輕鬆入內

美食

厚床 明鄉 伊藤☆牧場 Restaurant ATTOKO
●あけさといとうぼくじょうれすとらんあっとこ

☎0153-26-2288 MAP附錄 H-6

使用北海道產食材的餐點及甜點種類眾多，自家牧場裡的「明鄉短角牛（和牛）」牛奶做的東西也很推薦。

⊡11:00～15:00 休週二、週三（有可能變動）所根室市明鄉101-21 🚗JR厚床站車程3分 ᴘ20輛

↑紅色房子很可愛

明鄉短角牛（和牛）沙朗牛排 3480円
牧場生產直送的明鄉短角牛（和牛）沙朗肉質軟嫩，味道豐富。附湯、沙拉、飯。

面朝太平洋與鄂霍次克海，廣大的牧草地上，牛兒悠閒地吃著草……，在這食材的寶庫有什麼美食呢？一起來看看！

中標津 知床ジンギスカン そら
●しれとこじんぎすかんそら

☎0153-73-1100 MAP附錄 H-5

成吉思汗烤肉用羅臼昆布高湯及知床鹽調味，非常講究，是別地方吃不到的味道。還有賣海膽、鮭魚卵等丼飯（可能視漁獲狀況變更）。

⊡11:30～14:00、17:00～21:30
休週三 所中標津町綠町南1-2-4
🚗根室中標津機場車程10分 ᴘ20輛

↑來自羅臼及近海的海膽及鮭魚卵「海膽鮭魚卵丼」（3000円）

↑店面就在國道上，很好找

道東少見的成吉思汗烤肉店

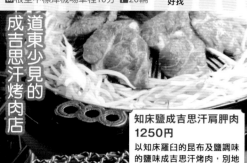

知床鹽成吉思汗肩胛肉 1250円
以知床羅臼的昆布及鹽調味的鹽味成吉思汗烤肉，別地方吃不到。

根室 Boschetto
●ぼすけっと

☎0153-27-1931 MAP附錄 J-6

這家獨棟的餐廳位在朝納沙布岬前進的路上。在充滿木頭溫暖質調的店裡，從窗戶往外看，便能看見戰爭遺跡碉堡和太平洋，讓人感覺這裡就像是位在世界邊緣的義大利餐廳。

⊡11:30～14:00、17:30～21:00 休週三、有不定休 所根室市光洋町5-94 🚗JR根室站車程11分 ᴘ10輛

使用當地新鮮的品項相當豐富

在地化的本地食物

人氣必吃美食

←位於寂寥風景之中，有著紅屋頂的獨棟餐廳

花咲蟹番茄奶醬義大利麵 1750円
使用一整隻花咲蟹的招牌菜單。將生蟹切開加進去炒，所以能夠充分地享受到濃厚的鮮美滋味。

只用在地食材的義大利餐廳生意超好！

中標津 Osteria Felice
●おすてりあふぇりーちぇ

位於中標津的義大利餐廳，使用北海道及道東的當季食材，擁有20年經驗的廚師連擺盤也美不勝收，為了營造輕鬆用餐的環境，而在店名冠上意為居酒屋的Osteria一詞。

☎0153-73-2828 MAP附錄 H-5
⊡11:30～13:30、18:00～21:00 休週一、週日
所中標津町東6北2-1-9 🚗根室中標津機場車程7分 ᴘ5輛

↑有吧檯座和桌椅座可以選，氣氛輕鬆舒適

↑炙烤道東產蝦夷鹿肉（3300円）

知床

中標津・野付・根室名產美食

釧路 釧路濕原 P.50

阿寒 摩周・屈斜路 P.64

網走 P.78

旅遊便利資訊 P.94

P.20

↓新鮮牛奶製成

也很推薦冰淇淋！

→霜淇淋500円

養老牛放牧牛乳
山本牧場
milcream

MAP 附錄 G-5

350円

北海道感動
アイスクリーム
gelato
siretoco

MAP 附錄 H-5

←義式冰淇淋S

森高牧場

MAP 附錄 G-7

←義式冰淇淋（Regular）370円

單球380円

牛奶霜淇淋（牛奶）

La Laiterie
なかしべつ

MAP 附錄 H-5

別海 **ポークチャップの店 ロマン**
●ぼーくちゃっぷのみせ ろまん

☎0153-75-2458 **MAP** 附錄 H-5

招牌菜里肌豬排本來只是用來招待常客的隱藏菜單，口耳相傳之下大受歡迎，而變成固定菜色。

🕐11:00〜15:00 休週四（逢假日則營業，有臨時休，需洽詢）所別海町別海鶴舞120-3 🚗根室中標津機場車程40分 🅿20輛

←別海町國道243號上的道路休息站

里肌豬排
2780円(700g)
超大塊日本國產新鮮豬里肌肉直接用烤箱烤成，需要烤50分鐘才能上桌，建議先預訂。

名菜里肌豬排 大得嚇人

中標津 **佐藤さんちのぎょうざ**
●さとうさんちのぎょうざ

☎0153-73-2397 **MAP** 附錄 H-5

2006年開幕的煎餃專賣店，老闆原為中華料理廚師。講求使用在地產、國內產食材所製作的煎餃堪稱絕品。煎餃也可外帶或冷凍宅配。

🕐11:30〜14:30、17:00〜20:30 休週三、四 所中標津町東34北2-27 🚗根室中標津機場車程10分 🅿8輛

←位於中標津市區的煎餃店

←特製咕嘟咕嘟石燒麻婆麵（1150円）

講求飲食與健康的地產地消煎餃

義大利煎餃（5個）660円
餃子皮揉入完熟番茄與番茄汁所包的餃子。熱騰騰的鐵板和起司一同煎烤。

有好多講究的菜色

滿溢大地恩惠

兜風途中順道去一趟

中標津 野付 根室

名產

鮭鰤丼飯 1500円
肥美的標津鮭魚跟鰤魚表面炙燒過後放在白飯上，獨家醬料裡有麻油、特製醬油，滋味豐富，再配上配料一起享用。

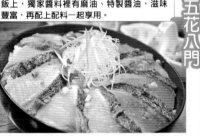

使用標津產鮭魚的菜色五花八門

標津 **鄉土料理 武田**
●きょうどりょうりたけだ

☎0153-82-3007 **MAP** 附錄 H-4

用在標津近海捕到的當季食材的傳統餐館，供應海鮮丼、每日生魚片、燒烤等單點菜色。

🕐11:00〜14:00、17:00〜21:00 休不定休 所標津町南1西1-1-5 🚗根室中標津機場車程35分 🅿30輛

↑有包廂及墊高和式座位

簡稱「Esca」的根室菜

豬排奶油飯 1000円
薄切炸豬排盛在奶油飯上，佐以半釉醬汁。

厚岸 **厚岸味覺總站 Conchiglie**
●あっけしみかくた ーみなるこんきりえ

☎0153-52-4139 **MAP** 附錄 G-7

館內的「魚介市場」有賣生牡蠣，可以買到「炭燒 炙屋」自己烤，很受歡迎。其他餐廳還有賣各式丼飯、生牡蠣等。

🕐11:00〜19:00（視餐廳而異），設施為9:00〜20:00 休週一（逢假日則翌日休、7、8月無休）所厚岸町住の江2-2 🚃JR厚岸站步行8分 🅿100輛

↑供應各種以牡蠣為主的料理

←牡蠣豬肉合戰丼（1600円）

生牡蠣 1個 300円〜
厚岸牡蠣在富含浮游生物的海水中生長，口感細緻，滋味豐富。

多種牡蠣料理任君選擇

根室 **ニューモンブラン**
●にゅーもんぶらん

☎0153-24-3301 **MAP** 附錄 J-5

昭和30（1955）年代創業。根室名菜豬排奶油飯提供外帶。其他餐點還有「牛橫膈膜肉咖哩飯」、「精力飯」等。

🕐10:00〜15:00、17:00〜19:50 休不定休 所根室市光和町1-1 🚃JR根室站即到 🅿5輛

↑牛橫膈膜肉咖哩飯（1250円）

在日本本土最東端的納沙布岬，可以看到日本第一道朝陽

納沙布岬

●のさっぷみさき

納沙布岬是日本本土最東端海岬，附近整頓為望鄉の岬公園，還有海鮮餐廳，可以來這裡悠閒走走。

中標津機場
車程約2小時15分

納沙布岬 ●のさっぷみさき
☎0153-24-3104（根室市觀光協會）
MAP 48

北海道的第一道日出

日出日落時分美得令人屏息，也是知名的新年日出景點。在一整年中，6月的日出最早，是3點30分。

🕐自由參觀 休無休 所根室市納沙布 🚃JR根室站車程30分 P80輛

↑北方館·望鄉の家 介紹日本的北方領土問題

↑根室市北方領土資料館、根室市觀光協會及根室市公所發行的到達證明書

↑將北方領土歸還化為鐘聲響徹四方的希望之鐘

根室中標津機場出發的交通方式

🚌 巴士 搭根室交通巴士往根室1小時41分，根室駅前ターミナル下車，轉乘納沙布線44分，納沙布岬下車

🚗 車 經道道69號、國道272、243、44號、道道35號至納沙布岬，共127km

觀光資訊 根室市觀光協會
☎0153-24-3104
MAP P.48

根室周邊的 順路一遊

根室市觀光服務中心
◆ねむろしかんこういんふぉめーしょんせんたー
☎0153-24-3104（根室市觀光協會） MAP附錄J-5

根室站前的觀光服務處，附設伴手禮店「光風」。

🕐8:00～18:00（10～5月為9:00～17:00，視店鋪而異） 休無休（視店鋪而異） 所根室市光和町2-10 🚃JR根室站即到 P12輛

↑附設巴士總站，等火車或巴士時可以來逛逛

回轉壽司 根室花まる 根室店
◆かいてんずしねむろはなまるねむろてん
☎0153-24-1444 MAP附錄I-5

現在於札幌和東京都有分店的人氣迴轉壽司店，根室店便是創始店，來這裡品嚐根室當地的新鮮食材吧。

🕐11:00～21:00 休不定休 所根室市花園町9-35 🚃JR根室站步行10分 P36輛

↑特別推薦扇貝、海螺等貝類

端谷菓子店
◆はしやかしてん
☎0153-23-3375
MAP附錄J-6

製造、販售根室銘菓「荷蘭煎餅」，其濕潤口感和簡單風味令人上癮。

🕐8:00～17:00 休週日 所根室市千島町2-11 🚃根室站車程5分 P5輛

↑荷蘭煎餅4片裝 260円

鈴木食堂 ●すずきしょくどう
☎0153-28-3198 MAP 48

直接向漁船進貨 鮮度沒話說的極品

原創的「秋刀魚丼」及螃蟹刺身風靡全日本，只有在秋刀魚產地根室才吃得到如此美味。

🕐5～10月為9:00～15:00（視季節而異） 休不定休 所根室市納沙布36-10 🚃JR根室站車程30分 P10輛

↑海邊小吃店的情調魅力十足。附設騎士旅舍

↑最多人點的「秋刀魚丼」搭配螃蟹味噌湯的套餐（2000円）

明治公園 ●めいじこうえん
☎0153-24-3104（根室市觀光協會） MAP附錄J-6

公園裡聳立著三座筒倉

公園前身是北海道史上第二間牧場，還留著紅磚筒倉。五月蒲公英花開很漂亮。

🕐入園自由 所根室市明治町 🚃JR根室站車程7分 P50輛

↑昭和初期建成的紅磚筒倉外型相當可愛

旅話題！COLUMN 根室的花咲蟹

雖然北海道是知名螃蟹產地，但花咲蟹只棲息在根室一帶。花咲港附近有餐廳附設商店，每年8月下旬（或9月上旬）還有「根室螃蟹祭」，都可享用得到。

↑在「根室螃蟹祭」可以便宜買到花咲蟹

↑花咲港旁的「大八」有賣花咲蟹

お食事処東光 ●おしょくじどころとうこう
☎0120-776-775 MAP 48

貝殼島的昆布 是熱門商品 選項眾多

除了用餐外還可購買海產品，當地名產花咲蟹、毛蟹、鱈場蟹都可以代客煮熟後寄宅配，也可以在店內食用，頗受好評的還有花咲蟹壽司、海膽丼、日出丼等。

🕐4～10月為9:00～16:00 休期間中不定休 所根室市納沙布41 🚃JR根室站車程30分 P30輛

↑停六輛大型巴士可 大型停車場可

↑人稱昆布當中最高品質的貝殼島昆布

↑螃蟹吹雪丼 2300円～

納沙布岬 周邊圖 附錄正面

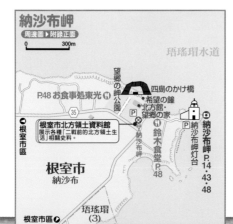

珸瑤瑁水道

望鄉の岬公園
四島のかけ橋
希望の鐘
北方館·望鄉の家
P.48 お食事処東光
根室市北方領土資料館 展示各種「二戰前的北方領土生活」相關史料
鈴木食堂 P.48
納沙布岬燈台
納沙布岬 P.14 43 48
根室市區
根室市 納沙布
珸瑤瑁（3）
根室市區

知床

納沙布岬／感受大地的盡頭！精挑細選五大行程

P.20

釧路 釧路濕原
P.50

阿寒 摩周、屈斜路
P.64

網走
P.78

旅遊便利資訊
P.94

中標津　濱中　厚岸　別海　壯闊的探險區域內

感受大地的盡頭！
精挑細選 5大行程

在放牧場或海邊等地體驗充滿東北道風情的大規模探險，放開心情去玩個痛快吧！

中標津
租借寬胎自行車
騎車遊覽

租借輪胎較胖，騎起來十分舒適的寬胎自行車。騎到市區觀光、或到附近的公園感受自然都可以，試著向工作人員打聽他們推薦的景點吧。這裡也備有經典路線地圖。需要事先預約，並僅收現金。

體驗DATA
- 季節 5～10月的8:30～17:00
- 費用 租借4小時2200円、8小時3300円，押金5000円（歸還時會退回押金）
- 洽詢處 0153-77-9733（中標津觀光協會）
- 集合場所 中標津觀光協會（有可能視季節變更）
- 交通方式 根室中標津機場車程10分
- MAP 附錄 H-5

→車子能夠變速，坡道、林道也可以輕鬆駕馭

愉快地騎自行車遊覽！

→與年漸腐朽的椴松形成對比，玫瑰等花卉到處綻放

前往枯木群佇立的奇景之中

在木棧道上往前走，地平線便會呈現在眼前。

別海
走在野付半島步道
椴原導覽往返行程

位於野付半島的椴原是海水流入之地，濕原上仍有枯槁的椴木殘存，形成寂寥荒蕪的景色。從自然中心到椴原往返約3km的導覽行程，會有導遊陪同一起行走。來享受野付半島不可思議的自然環境與生物魅力吧。

↑起點為野付半島自然中心

體驗DATA
- 季節 5～10月
- 所需時間 約100分
- 費用 1名3800円（最低舉辦人數2名，需預約）
- 洽詢處 0153-82-1270（野付半島自然中心）
- 交通方式 根室中標津機場車程45分
- MAP 附錄 I-4

濱中
近距離感受霧多布濕原
的魅力健行

占地約3200公頃的廣袤濕原上，每到6月底至7月上旬就能看到白毛羊鬍子草的群生等濕生植物。夏天穿長靴走過河畔的濕原，冬天則穿上雪鞋，享受健行的樂趣吧。

體驗DATA
- 季節 全年
- 所需時間 2小時
- 費用 3600円（僅1人則為5400円）
- 洽詢處 0153-65-2779（霧多布濕原中心）
- 交通方式 JR 茶內站車程15分
- MAP 附錄 H-7

穿上長靴走進花朵盛開的濕原

不只木道，還會走進平常不能進入的濕原中

厚岸
在別寒邊牛川划獨木舟
漫遊濕原

在登錄於《拉姆薩公約》的別寒邊牛濕原裡，划著加拿大式獨木舟。緩緩划過別寒邊牛川，穿越保留原始自然風光的濕地，終點是河口的厚岸水鳥觀察館。全程為9km，另有半套行程。

體驗DATA
- 季節 5月1日～10月31日
- 所需時間 約3小時
- 費用 1人18000円
- 洽詢處 090-8631-5215（LandEdge）
- HP https://www.land-edge.com/
- 交通方式 JR厚岸站車程10分（集合地點：厚岸水鳥觀察館）
- MAP 附錄 G-7

←划獨木舟漫遊維持太古風貌的濕原

↑從綠意盎然的上游到視野開闊的下游，探險感十足的旅程

→特色是遠闊的沙灘。從馬背上欣賞這壯闊的海岸線

沿著美麗的弧形海岸線
騎馬散步

濱中
北太平洋
海岸線騎馬散步之旅

先從「初學者路線」（約10分鐘）練習騎馬的基礎動作，再開始「海灘散步路線」（約30分鐘），可迎著海岸線涼爽的海風享受騎馬的樂趣。

體驗DATA
- 季節 全年（10:30～15:00、冬季為11:00～14:00）、需預約
- 所需時間 約2小時
- 費用 初學者路線2500円、海灘散步路線4500円、山地路線9000円
- 洽詢處 090-8635-8274（北太平洋シーサイドライン乘馬俱樂部）
- 交通方式 JR 姊別站車程10分
- MAP 附錄 H-6

開展一片絕美的綠色世界 釧路濕原
釧路濕原 →P.58

擁有約2萬公頃面積的國家天然紀念物，如今仍保留著原始的大自然。從數個場所的觀景台、或是特定季節行駛的「釧路濕原慢車號」車窗享受風景吧。

釧路濕原國立公園 細岡展望台

出發之前先掌握好 區域概要！

從這裡眺望夕陽美不勝收 釧路
幣舞橋 →P.56

北海道三大名橋之一，欄杆上設有4尊青銅像。從這座橋上看見的夕陽格外地美，與青銅像剪影的對比更是特色十足。

超人氣
必看景點 BEST 3

日本最大濕原與名產美食一應俱全的城市

娜娜姿態讓人目眩神迷 釧路濕原
丹頂鶴 →P.62

有「雪原貴婦」之美稱的國家特別天然紀念物。雖然夏天在道東沼澤地偶爾也能目擊，但還是在冬季濕原上飛舞的模樣更為美麗。冬季餵食也是知名活動。

釧路 釧路濕原
くしろ・くしろしつげん

一目了然導覽

快速認識釧路、釧路濕原

釧路是漁業城市，以日本數一數二的漁獲量為傲，街上開著許多提供爐端燒或海鮮丼等海鮮美食的餐廳。另外像釧路濕原等保留原始自然風貌的景觀勝地也不能錯過。

必吃！
名產美食 BEST 3

風味清爽的 釧路
港都拉麵 →P.55
釧路拉麵

與札幌、旭川、函館並稱北海道四大拉麵，特色是細卷麵與清爽的醬油味湯頭，吃起來也頗有茶泡飯的感覺。

在北海道釧路是發祥地
爐端燒 →P.53 釧路

以炭火燒烤釧路近海捕撈到的海鮮。有許多從早上就開始提供爐端燒的店家，或是僅在夏季於釧路川岸邊營業的餐廳等各式專賣店。

期間：全年
費用：免費參觀
洽詢處：0154-31-4549（釧路市観光振興室）

MAP 56

釧路的矚目景點
Monument Cool KUSHIRO

設置在幣舞橋旁的拍照景點。日落後至深夜12時，立體字碑上會打上燈光，能跟幣舞橋的夜間燈光一同欣賞，肯定能拍張好照片。

誕生於和商市場的知名丼飯
任意丼 →P.52 釧路

巡視市場裡的鮮魚店，將想吃的海鮮擺在碗公裡的白飯上，做出自創丼飯。源自於早年招待至釧路旅行騎士的食物。

區域MAP

必去景點

區域名

※在當地通用的地名。

♨ 溫泉　🚙 公路休息站

ℹ️ 詢問處

釧路濕原 → P.58

日本最大的濕原，面積約等於新北市的十分之一。東側區域有釧網本線行經，能搭乘「慢車號」等列車；西側區域則設置了人氣散步路「釧路市濕原觀景台路線」及「溫根內木道路線」，兩邊都能享受道東風情的大自然。

釧路 → P.52

靠漁業及貿易繁榮的道東中心都市。幣舞橋架在流經市中心的釧路川上，是北海道三大名橋之一。另外飯店的選擇也很多，可當作在道東觀光時的據點。

特產秋刀魚做的知名美食
買來當作伴手禮

秋刀魚飯捲 釧路 → P.55

將以私房醬料醃漬過的道東產秋刀魚，和青紫蘇一起放在雜炊飯上，再用炭火烤過。「Kushiro Fisherman's Wharf MOO」有販售。

新鮮海產和加工品一字排開！

海產品 釧路 → P.52・56

在漁業城市釧路，能買到新鮮海產或以新鮮海產製作的優質加工品。推薦在釧路站附近的「和商市場」或「Kushiro Fisherman's Wharf MOO」購買。

必買伴手禮 BEST 3

想玩遍濕原相關設施
就買濕原55套票

能以1030円（5天內可用）的價格周遊釧路市濕原觀景台、釧路市丹頂鶴自然公園、阿寒國際鶴中心等5間設施。去，能比一般費用便宜1470円。若是5間全去，能比一般費用便宜1470円。在釧路機場內的觀光服務處等各地設施皆有販售。

說到傳統釧路
名點就是這個

丹頂鶴的蛋 釧路 → P.99

丹頂鶴是釧路濕原的象徵，一定要買模仿丹頂鶴蛋做成的點心。在「丹頂釧路機場」及「Kushiro Fisherman's Wharf MOO」等地有售。

しつげん 55 PASS

在釧路市區內 租車自駕

想自遊遊釧路市區或釧路濕原的話，自己開車有效率又方便。丹頂釧路機場跟釧路站周邊就有TOYOTA設店可租賃，提供YARIS、新型Prius、VOXY、RAV4等車款，有箱型車、休旅車等多元選擇。配合人數挑選適合的車型，詳情請至官方網站或電話詢問。

TOYOTA租賃釧路 📞0154-23-0100

TOYOTA租車 HP https://www.trlkushiro.com/

釧路市內的 出租自行車

在釧路鬧區附近的「釧路市民活動中心WATTO（MAP 56）」可租借，期間為春～秋的10～19時。普通自行車300円（皆為3小時以內）、電動輔助自行車600円，普通自行車300円（皆為3小時以內）。在釧路市中心觀光時非常方便。

釧路市民活動中心WATTO 📞0154-22-2232

可隨意搭乘的 自由乘車券

在舊釧路市內與釧路町的路線巴士上採用刷開刷開想搭車款，900円自由搭乘行駛的路線巴士。採開刷開想搭車款，以硬幣或釧路巴士共用。釧路巴士上販售。1日自由乘車券，能以硬幣刷卡式，以硬幣刷卡的日期。在指定的日期，以硬幣刷卡。

釧路巴士 📞0154-36-8181

定期觀光巴士&計程車方案
請見 → P.102

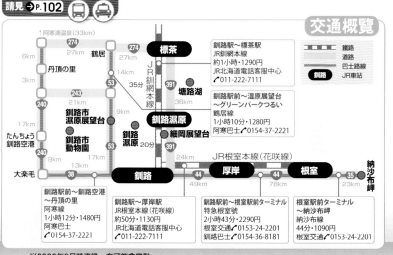

交通概覽

▬▬▬	鐵路
———	道路
▬▬▬	巴士路線
釧路	JR車站

釧路駅～標茶駅
JR釧網本線
約1小時・1290円
JR北海道電話客服中心
📞011-222-7111

釧路駅前～湿原展望台～グリーンパークつるい
鶴居線
1小時10分・1280円
阿寒巴士📞0154-37-2221

釧路駅～釧路空港～丹頂の里
阿寒線
1小時12分・1480円
阿寒巴士
📞0154-37-2221

釧路駅～厚岸駅
JR根室本線（花咲線）
約50分・1130円
JR北海道電話客服中心
📞011-222-7111

釧路駅前～根室駅前ターミナル
特急根室號
2小時43分・2290円
根室交通📞0153-24-2201
釧路巴士📞0154-36-8181

根室駅前ターミナル～納沙布岬
納沙布線
44分・1090円
根室交通📞0153-24-2201

※2023年3月時資訊，有可能會變動

觀光洽詢處 釧路觀光會議協會📞0154-31-1993、厚岸觀光協會📞0153-52-3131

釧路

擁有日本最大濕原的漁業城市

（くしろ）

釧路是座漁業城市，以日本首屈一指的漁獲量為傲。當季漁獲豐富，有許多爐端燒的店家營業，另外也有任意丼、北海道炸雞、釧路拉麵等各式當地美食。

丹頂釧路機場出發的交通方式

🚌 **巴士** 搭機場巴士至釧路駅前 45分

🚗 **車** 經道道65號、國道240、38號至釧路市區22km

觀光資訊

釧路觀光會議協會
☎ 0154-31-1993
MAP P.56・63

輕鬆享用熱門海鮮
約1500円的標準海鮮丼
以合理價格品嘗海膽、鮭魚、秋刀魚等主要的魚貝類。

享受自製創意海鮮丼

編輯部也來做做看！五花八門的任意丼

適合想淺嘗的人
約500円的高CP值鮭魚親子丼
半碗白飯加鮭魚、鮭魚卵的迷你海鮮丼，推薦給想小吃幾口的人。

美味海鮮統統放上去！
約3000円的北海道海鮮小山丼
有葡萄蝦、鱈場蟹等大量北海道特有海產。

※各丼飯的價格僅供參考，會依季節而變動。（採訪協助：さとむら商店）

釧路必吃美食① 任意丼

只放上愛吃的海鮮！

「任意丼」能以實惠價格大口享用釧路的海鮮美食，無論是當作留宿釧路時的早點，或是觀光途中的午餐，都非常推薦。

What's 什麼是任意丼？

和商市場某間鮮魚店老闆為了招待機車騎士吃海鮮，向熟食店買來白飯後將海鮮各放一點上去，就是「任意丼」的起源。

來做做看任意丼吧！

❶首先在熟食店買白飯，有不同分量可選購

❷從一大排食材中挑選愛吃的，猶豫不決也是一種樂趣！

❸決定食材後向店家點選，店員會幫客人擺得漂漂亮亮的

❹市場內提供享用「任意丼」的完善空間

❺推薦來碗便宜的螃蟹湯配丼飯，高湯鮮美，風味絕佳！

釧路的當季海鮮月曆

	1月	2月	3月	4月	5月	6月	7月	8月	9月	10月	11月	12月
			冬季		春季			夏季		秋季		
秋刀魚									■	■		
鯖魚						■	■	■				
花魚				■	■	■						
鮭魚（秋鮭）								■	■	■		
鱈場蟹	■	■	■								■	■
毛蟹			■	■	■							
menme（石狗公）					■	■	■					
扇貝	■	■	■	■								
牡蠣	■	■									■	■
柳葉魚										■	■	
黃線狹鱈	■	■										■

※海鮮產季為大略時間。

任意丼的食材為1塊50〜1000円左右

種類眾多任君挑選

❶在店前將喜歡的食材擺在丼飯上 ❷❸道東名產花咲蟹和鮭魚也一應俱全 ❹地點就在釧路站附近

釧路站周邊 和商市場

●わしょういちば
☎ 0154-22-3226（釧路和商協同組合事務局）
MAP 56

與札幌二条市場、函館早市併稱北海道三大市場，是當地市民的廚房。約50間店鋪進駐，海產的種類特別豐富又便宜。觀光旺季市場內被來買「任意丼」、一手拿著丼飯的人擠得水洩不通。

🕐 8:00〜17:00（因季節而異）
休 週日不定休
📍 釧路市黑金町13-25
🚃 JR釧路站步行3分
🅿 132輛

在鮮魚專賣店享受海鮮大餐！

❺能品嘗特上海鮮丼2200円等美食

くしろ港町 釧ちゃん食堂

●くしろみなとまちせんちゃんしょくどう
☎ 0154-64-5000 **MAP** 63 B-4

販售新鮮海產「釧之助」內的食堂。從分量多到嚇一跳的海鮮丼和烤魚定食，到中菜系的餐點一應俱全。

🕐 11:00〜15:00、16:00〜21:00
休 無休
📍 釧路町光和4-11
🚃 JR釧路站車程11分
🅿 200輛

推薦伴手禮TOP3

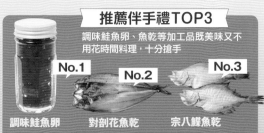

調味鮭魚卵、魚乾等加工品既美味又不用花時間料理，十分搶手

No.1 調味鮭魚卵　**No.2** 對剖花魚乾　**No.3** 宗八鰈魚乾

52

從早晨享受到中午！海鮮批發商直營店才有的新鮮海產

岸壁炉ばた

釧路中心部 がんぺきろばた

☎0154-23-0600(釧路フィッシャーマンズワーフMOO) MAP 56

預算 晚2000円

預約 ✕　信用卡 ✕

夏季時開在釧路川沿岸的爐端燒餐廳。首先購買票券，接著在食材區交換喜歡的食材，最後來到備有架網烤爐的桌椅座位，自行燒烤享用。

⌚5月第3週五～10月底的17:00～21:00
休期間中無休(天候不佳時可能臨時打烊)
所釧路市錦町2-4 釧路フィッシャーマンズワーフMOO 岸壁エプロン廣場 🚉JR釧路站步行15分 Ｐ使用MOO停車場

一面遠眺夜晚的幣舞橋 炭烤釧路品牌美食

⬆點這麼多也只要1000円上下(採訪時)，飽足感滿分

鮭番屋

釧路郊外 阿部商店工場直売店・喰処
●あべしょうてんこうじょうちょくばいてんくいどころしゃけばんや

☎0154-25-0503 MAP 63 B-4

預算 ⬆1500円

預約 ✕　信用卡 ✕

一大早就能享用釧路名產爐端燒的餐廳。首先購買想烤的海鮮，接著拿到帳篷內的燒烤台去。燒烤的時候會有店員協助，不用擔心。除了燒烤之外，鮭魚卵丼等海鮮丼飯也很受歡迎。

⌚7:30～13:40 休週三(逢假日則開業、12月無休) 所釧路市浜町4-11 🚉JR釧路站車程10分 Ｐ30輛

⬆「鹽鯖魚半隻」(450円)特別受歡迎(照片為示意圖)

⬆鮭魚親子丼(1980円)

⬆帳篷內排列許多燒烤台

釧路必吃美食2

氣氛平靜的店內品嘗釧路的海鮮和當地酒

預算 晚5000円

預約 ✕　信用卡 ✕

⬆絕妙的火候將食材的優點發揮到極致
➡還有吧檯座及和式座位，女性一個人也能輕鬆入店享用餐點

炉ばた八

釧路中心部 ろばたはち

☎0154-64-1086 MAP 56

釧路北釧鯖魚、厚岸生牡蠣等，由職人細心燒烤當日採購的在地海鮮，在最美味的時候提供給客人享用。在懷舊復古氛圍的店裡，讓人想配著北海道的地酒一同細品嚐。

⌚17:30～23:30 休週日 所釧路市栄町4-2 🚉JR釧路站步行13分 Ｐ無

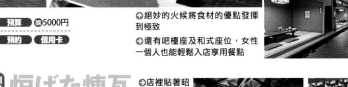

炭烤愛吃的海鮮！

釧路是海鮮爐端燒的發源地，現捕現撈的海鮮在炭火上燒烤，美味更加倍。

爐端燒

What's
什麼是爐端燒？
爐端燒以炭火燒烤海鮮，源於釧路，是將仙台的蔬菜爐端燒應用在海鮮上所創造出的美食。

炉ばた煉瓦

釧路中心部 ろばたれんが

☎0154-32-3233 MAP 56

餐廳建築改建自明治末期的紅磚倉庫而成，充滿異國的情調令人印象深刻。因為是水產公司直營的餐廳，所以在這裡能盡情地品嚐新鮮的海產。採用平板點餐。

⬆店裡貼著昭和復古氛圍的海報
⬅「夕日扇貝丼」(1650円)使用常呂產的扇貝和道東的鮭魚卵製作，也很受顧客喜愛

⌚17:00～22:00 休無休 所釧路市錦町3-5-3 🚉JR釧路站步行15分 Ｐ10輛

預算 晚3500円

預約 ✕　信用卡 ✕

在磚造店家內自己燒烤是大受歡迎的祕訣

坐在烤爐的桌椅座位自己隨興燒烤享用

預約 …可預約座位　信用卡 …可使用信用卡
✕…該項目不可　※各店鋪的預算為1人份僅料理的金額。

道東3種貝類與番茄的義大利麵

1980円

使用厚岸產蛤蜊、釧路町仙鳳趾產牡蠣、網走產扇貝。

使用當地食材的義大利菜

道產食材推薦菜色

釧路中心部 est di Zuppa
●えすとでぃずっぱ
☎0154-32-0855　**MAP** 56

高高掛起的黑板上寫的食材幾乎全產自道東。義大利菜不可或缺的起司則是來自白糠町的「酪惠舍（P.57）」。

→店內氣氛既休閒又沉穩

🕐12:00～13:30(L.O.)、18:00～22:00（週日僅12:00～14:30(L.O.)）　休週一、週二午餐　所釧路市末広町7-1 大光ビル1F　交JR釧路站步行8分　P無

預算	午1500円	晚6000円
預約	信用卡	

釧路中心部 Restaurant&Community Iomante
●れすとらんあんどこみゅにてぃいおまんて

☎0154-65-1802　**MAP** 56

這裡能吃到融合當地食材與愛努文化及精神的法國菜。供應當季最美味的食材，每次上門時肯定會有全新的發現。

↑座位與座位間有段距離，店內環境讓人安心放鬆

預算	晚7000～8000円
預約（需預約）	信用卡

🕐18:00～21:00(需預約)　休週一　所釧路市末広町2-23　交JR釧路站步行12分　P無

融入愛努文化的法式餐廳

Menu Kushiro
8680円

照片中為主菜「燒烤阿寒產蝦夷鹿背肉」。

道產食材推薦菜色

釧路必吃美食③

道東食材餐廳

堅持使用道東海產、農產品的店家

道東除了漁業外，酪農業也十分發達，近年還有越來越多餐廳提供蝦夷鹿肉做的野味料理。

陽　欣賞釧路的夕陽　→從窗戶還能

使用大量道東食材的咖啡廳菜單

卡波納拉義大利麵
1280円

大量使用位在北見市常呂的ポカラ農園雞蛋、起司工房白糠酪惠舍的起司、大空町的培根烹調而成。

道產食材推薦菜色

預算	1500円
預約	信用卡

↑流淌著古典氛圍的沉靜空間

釧路郊外 犬や喫茶やパフェ屋 ノスタルジィ
●いぬやきっさやぱふぇやのすたるじい

☎0154-65-6766　**MAP** 63 B-4

中午為讓人感受到懷舊氛圍的狗狗咖啡廳。擁有講求道東食材的豐富菜單。使用北見「ポカラ農園雞蛋」製作的自家製布丁、卡波納拉義大利麵、網走「はぜや珈琲」的特調咖啡都很推薦。

🕐12:00～15:45、19:30～21:45　※事先預約制，須於網站(https://airrsv.net/nostalgy/calendar)預約　休週一、二，此外有不定休　所釧路市武佐1-1-13 鈴木ビル1F　交JR釧路站車程15分　P3輛

店長自己前往挑選食材

香草炙烤知床雞
1800円～

以北海道產小麥等植物性飼料養育的知床雞，藉由香草更加凸顯肉質美味，味道溫和。

道產食材推薦菜色

預算	日1350円	晚5000円
預約	信用卡	

釧路中心部 釧路倶楽部
●くしろくらぶ

☎0154-65-7594　**MAP** 56

店鋪改裝自屋齡40年以上的舊日蘇友好會館。店內採用胡桃原木的實木地板，兼具成熟與厚實感。食材主要使用釧路及根室產，蝦夷鹿肉等野味料理也很受歡迎。

🕐11:30～14:00、17:30～21:00　休週二(有不定休)　所釧路市大町1-1-11 ベイサイドビル2F　交JR釧路站搭釧路巴士啄木循環線6分，啄木通下車，步行2分　P3輛+使用附近免費停車場

釧路地區的食材圖鑑

起司

有許多生產特色起司的工房，如「白糠酪惠舍」或「おおとも チーズ工房」等等。
產季:全年

牛乳

根釧地區的生乳產量是日本第一。使用當地牛乳製成的霜淇淋也是知名美食。
產季:全年

鮭魚

在釧路及厚岸等地以定置網捕撈，大者據說可達4kg以上。
產季:9～11月

牡蠣

厚岸產牡蠣的特色是個頭大且肉質厚實，還有「牡蠣衛門」等品牌牡蠣。
產季:12～2月

羊肉

白糠町的「茶路めん羊牧場」十分出名 也有直營餐廳「Farm Restaurant Cuore(→P.57)」。
產季:全年

蝦夷鹿肉

在道東全區捕獲的蝦夷鹿。設有加工施設，市面上有鮮度絕佳的肉品販售。
產季:全年

釧路地區是道內少見的草地型酪農地帶，使用特產牛乳的起司工房散布各地。

預約…可預約座位　信用卡…可使用信用卡　─…該項目不可

知床 P.20

釧路 釧路濕原 釧路必吃美食

P.50

阿寒 摩周・屈斜路

P.64

網走

P.78

旅行便利資訊

P.94

釧路必吃美食 ④

源自釧路的當地美食

地方菜

有獨自進化並受到長年喜愛的拉麵、「鐵板豬排麵」以及「北海道炸雞」，盡情享受釧路特有的美味吧。

釧路拉麵

能嘗到傳統釧路拉麵的名店

在這裡能嘗到添加手工魚醬的拉麵

推薦的地方菜 **魚醬拉麵** 清爽風味(細麵) **900円**

在毫無腥臭的手工魚醬滋味中，散發蛤蜊與鹿角菜的海潮香。

釧路站周邊 魚一らーめん工房
●うおっちらーめんこうぼう

📞0154-23-4541　MAP 56

使用以秋刀魚和鯡魚製成的魚醬。不只菜色選擇豐富，還可配合喜好調整味道要清爽或濃郁、麵條要粗或細。

🕘9:00〜16:30(湯頭售完打烊)　休週日　所釧路市幸町13-1丹頂市場內　🚃JR釧路站步行5分　P10輛

↑位在「丹頂市場」一角，以紅門簾為標識

推薦的地方菜 **正油拉麵** **800円(大碗900円、特大1100円)**

散發鰹魚高湯香氣的醬油味湯頭，可謂釧路拉麵的正統風味。

釧路中心部 まるひら
📞0154-41-7233　MAP 63 B-4

被譽為釧路拉麵代表店之一。鰹魚基底的高湯雖然清爽，入口卻能嘗到深奧的風味。

🕘9:30〜15:00　休週三、第2&4週四　所釧路市浦見8-1-13　🚃JR釧路站車程5分　P25輛

↑店面明亮乾淨，位在住宅區一隅

北海道炸雞

推薦的地方菜 **鐵板豬排麵** **1250円**

義大利麵和炸豬排盛在火燙的鐵板上。也有大盤分量(加300円)。

↑店內常擠滿外帶北海道炸雞的客人

釧路中心部 鳥松
●とりまつ

📞0154-22-9761　MAP 56

「北海道炸雞」這種料理是將肉用10種左右的調味料醃漬後油炸，再蘸添加香辛料的特製醬汁享用。也有炸雞翅和飯糰等。

🕘17:00〜翌0:30　休週日　所釧路市榮町3-1　🚃JR釧路站步行15分　P無

昭和35(1960)年誕生的北海道炸雞

推薦的地方菜 **北海道炸雞** **650円(無骨肉為750円)**

有翅膀等難的各個部位切塊。無骨肉是雞腿肉。

鐵板豬排麵

超高CP值 飽餐一頓

釧路中心部 レストラン泉屋 総本店
●れすとらんいずみやそうほんてん

📞0154-24-4611　MAP 56

餐廳位在幣舞橋附近的鬧區，提供大分量的洋食。除了名菜「鐵板豬排麵」之外，燉牛肉(1580円)也是熱門料理。

🕘11:00〜21:00、地下室「ポロネ」為17:00〜22:00　休每月1次週二不定休　所釧路市末廣町2-28　🚃JR釧路站步行15分　P無

↑1、2樓是餐廳，地下室是義大利菜館

釧路 回転寿司 なごやか亭 春採店
●かいてんずしなごやかていはるとりてん

📞0154-46-2233　MAP 63 B-4

🕘11:00〜22:00　休1月1·2日　所釧路市春採7-1-10　🚃JR釧路站搭白樺線15分，春採アイスアリーナ下車即到　P450輛

壽司(148〜682円)

↑釧路起家的迴轉壽司店。道東的新鮮海產一應俱全

釧路 魚政
●うおまさ

📞0154-24-5114　MAP 56

🕘10:00〜18:00(7·8月為9:00〜)　休不定休，準同Kushiro Fisherman's Wharf MOO　所釧路市錦町2-4-3 釧路フィッシャーマンズワーフMOO 1F　🚃JR釧路站步行15分　P70輛

秋刀魚飯捲(1條900円)

↑這道名菜是將以醬料醃漬過的秋刀魚放在雜炊飯上，再用炭火燒烤

釧路 JOY PACK CHICKEN 芦野本店
●じょいぱっくちきんあしのほんてん

📞0154-35-9744　MAP 63 B-4

🕘10:00〜18:45(售完打烊)　休不定休　所釧路市芦野5-1-6　🚃JR釧路站車程15分　P12輛

咖哩炸雞(1塊259円)

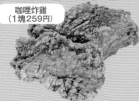

↑風味溫和的咖哩炸雞是釧路的靈魂美食

還有哦！

午餐或點心時間都很推薦的釧路發祥美食。

釧路的地方菜色

釧路 ●ぬさまいばし　MAP 56

景點 幣舞橋

📞0154-31-1993（釧路觀光會議協會）

北海道三大名橋之一

釧路市中心連接北大通與對岸南大通的橋樑。欄杆上設置4尊銅像「四季之像」。河岸邊則整備了寬敞的遊步道。夜晚點燈後，瀰漫著如夢似幻的氣氛。🔘自由參觀　📍釧路市北大通　🚉JR釧路站步行15分　🅿無

右：立在橋欄杆上的「四季之像」，照片中是由本鄉新創作的「冬之像」

釧路 ●くしろしりつはくぶつかん　MAP 63 B-4

景點 釧路市立博物館

📞0154-41-5809

認識釧路自然與歷史的博物館

這座博物館擁有道東首屈一指的規模與歷史，以豐富的資料介紹釧路的自然、歷史及愛努文化。🔘9:30～16:30　🈺週一（逢假日則翌日休，11月4日～翌3月為週一、假日、館內整理日休）💴480円　📍釧路市春湖台1-7　🚉JR釧路站搭釧路巴士經由市立病院的路線10分，市立病院下車，步行5分　🅿30輛

右：建築物由當地出身的建築師毛綱毅曠設計

釧路 ●くしろすいぞくかんぷくぷく　MAP 63 B-4

景點 釧路水族館 PUKU-PUKU

📞0154-64-5000（釧之助本店）

高達8公尺的水槽及沙丁魚群區域非常受歡迎。🔘9:00～18:00　🈺無休　💴800円　📍釧路町光和4-11 釧之助本店內　🚉JR釧路站車程11分　🅿200輛

釧路 ●まりんとぽすくしろ　MAP 63 B-4

景點 Marine Topos釧路

📞0154-22-0191（釧路市水產課）

可瞭解釧路水產產業實際情況與歷史的設施。🔘5～11月的9:00～15:30　🈺期間中週日、假日　💴免費入館　📍釧路市浜町3-18 くしろ水產センター3F　🚉JR釧路站車程7分　🅿50輛

在與幣舞橋相鄰的複合設施
享受美食與購物

Kushiro Fisherman's Wharf MOO

くしろふぃっしゃーまんずわーふむー　MAP 56

📞0154-23-0600

館

內有匯集當地海產的「釧路MOO市場」，以及烤雞、拉麵等特色店家櫛次鱗比的攤販村「港口大排檔」等，可享受釧路美食及購買伴手禮。還有觀光交流資料專區提供觀光手冊，在道東觀光前先來一趟會方便許多。建築物與釧路川沿岸的遊步道相連，在周邊設置了長椅。5月中旬～10月的岸壁炉ばた（P.53）也是在這座設施的旁邊舉辦。🔘10:00～19:00（7、8月為9:00～）🈺無休（1月與11月有維護休館日）📍釧路市錦町2-4　🚉JR釧路站步行15分　🅿76輛

↑毛蟹、鱈場蟹、魚卵等釧路產海鮮應有盡有，商品建議用宅配

↑1樓設有「活毛蟹夾娃娃機」，1次300円

↑1樓攤位陳列著海產加工品，以及北海道獨有的伴手禮

「港口大排檔」位在2樓，集合了居酒屋、拉麵店、北海道炸雞店

右：釧路市民活動中心わっと

↓「MOO 限定起司仙貝」1片120円

↓「地酒蛋糕福司」迷你，1盒378円

↓1樓販售著多使用道東產秋刀魚的「さんまんま」900 円

人氣伴手禮

「昆布煎餅鶴貝」（2片×6袋756円）

釧路 ●こうぶんかん　MAP 56

景點 港文館

📞0154-42-5584

探索文豪石川啄木的人生軌跡

石川啄木自明治41（1908）年的1月起在釧路待了76天。將他當時工作的舊釧路報社建築物修復後，展出他的原稿等展品。🔘10:00～18:00（11～4月為～17:00）🈺無休　💴免費入館　📍釧路市大町2-1-12　🚉JR釧路站搭釧路巴士啄木循環線7分，小奴の碑下車，步行3分　🅿3輛

註：於2020年4月重新改裝。1樓內設有咖啡廳

進一步認識！ and more

釧路

●くしろ

MAP P.56・63 區域指南

右：幣舞橋附近的時髦建築物

人氣的複合施設

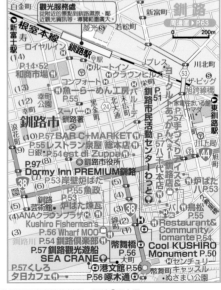

觀光服務處 釧路駅 周邊圖▶P.63

P.57 BAR C+MARKET
P.55 レストラン泉屋 絵本店
白銀・P.54 est di Zuppa
P.97
Dormy Inn PREMIUM釧路
(38) P.53岸壁炉ばた
P.55魚政
芸術館 炉ばた煉瓦
ANAクラウンプラザ
Kushiro Fisherman's
P.56 Wharf MOO
P.54釧路俱樂部
P.57釧路觀光遊船
SEA CRANE
P.57くしろ
夕日カフェ
●釧路市役所
Restaurant & Community Iomante P.64
Cool KUSHIRO Monument P.50
幣舞橋 P.56
P.56啄木通
港文館 P.56

★ **補充知識 小單元！** 石川啄木來到釧路是在明治41（1908）年，只停留了短短76天。南大通是當時的鬧區，有他住過的房子及光顧過的料亭，俗稱「啄木通」。（MAP 56）

知床
P.20
釧路 釧路濕原
釧路必吃美食
P.50
阿寒 屈斜路 摩周
P.64
網走
P.78
旅行便利資訊
P.94

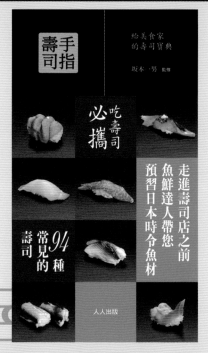

日本旅遊必備！全系列熱銷10萬本

壽司手指

必吃壽司 必攜

給美食家的壽司寶典

坂本一男 監修

走進壽司店之前
魚鮮達人帶您
預習日本時令魚材

壽司常見的94種

人人出版

手指壽司

作者：坂本一男
規格：144頁 / 9 x 16 cm
人人出版　定價：250元

教你點壽司、吃壽司簡明易懂！

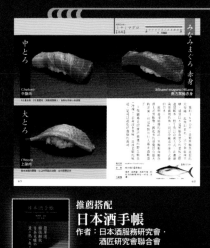

推薦搭配
日本酒手帳

作者：日本酒服務研究會・酒匠研究會聯合會
規格：244頁 / 9 x 16 cm
定價：250元

【購物】
手づくりアイス&ヨーグルトあっかんべぇー 釧路店

📞0154-68-5188

「手づくりアイス ヨーグルト あっかんべぇー 阿寒本店（P.69）」的分店。霜淇淋（單球）350円。
🕚11:00～18:00　休週一
所釧路市栄町2-3　JR釧路站步行16分　P使用鄰近停車場

釧路　●くしろゆうひかふぇ　MAP 56

【美食】
くしろ夕日カフェ

📞0154-41-2015

從窗戶能眺望釧路川的咖啡廳。3種午餐都附可自由加點的麵包。
🕚11:00～16:00　休週三　所釧路市入舟4-1-1 かもめホール2F
JR釧路站步行20分　P10輛

釧路　●くしろかんこうくるーずぜんしーくれいん　MAP 56

【玩樂】
釧路觀光遊船 SEA CRANE

📞0154-41-7511

從船上欣賞釧路的夕陽

船隻從「Kushiro Fisherman's Wharf MOO（P.56）」的對岸出航，可享受眺望夕陽與夜景的船舶之旅。🕙10:00～21:00(視日落時間而異，有時為～19:00)　休冬季～GW前、週二、三休　日日落巡遊5000円、私人遊輪60000円(需預約)　所釧路市大町1-1-11 ペイラウンジ1F　JR釧路站搭釧路巴士啄木循環線6分，啄木通下車，步行5分　P4輛

↩最多可搭41人的 SEA CRANE
↩釧路的夜景與 SEA CRANE

釧路　●ばーしーまーけっと　MAP 56

【美食】
BAR C+MARKET

📞0154-23-6401

能小酌比較厚岸威士忌

可以喝到厚岸威士忌的珍貴酒吧。這裡有充滿釧路風情的原創雞尾酒，女性一個人也能輕鬆前往。
🕙20:00～翌1:30　休週日、假日
所釧路市末広町2-26 末広館ビル1F
JR釧路站步行14分　P無

↩這裡有120種單一麥芽威士忌和250種雞尾酒可供享用

釧路　●やちよほんてん　MAP 56

【美食】
八千代本店

📞0154-22-0218

釧路的壽司割烹老店

提供壽司，海鮮、螃蟹料理，並使用當地捕撈的新鮮當季海產製成豐富料理。
🕔17:00～22:30(週日、假日為～21:30)
休週日不定休
所釧路市末広町3-5 八千代ビル 1F
JR釧路站步行15分　P30輛

↩「冰鎮毛蟹生吃」（時價）使用店內水槽裡的活蟹

チーズ工房 白糠酪恵舎

●ちーずこうぼうしらぬかくれいしゃ

MAP 附錄 D-7
📞01547-2-5818
🕘9:00～17:00　休不定休　所白糠町中茶路　JR白糠站車程13分　P15輛

↩莫札瑞拉起司（140g・620円～）

↩也販售撒上自製起司的起司霜淇淋（360円），滋味甜中帶鹹

Farm Restaurant Cuore
●ふぁーむれすとらんくおーれ

MAP 附錄 D-7
📞01547-2-5030
🕙3～12月為11:30～17:00(週五、六11:30～14:00、18:00～20:00)　休期間中週一休、每月2次不定休(逢假日則翌日休)　所白糠町川西　JR白糠站車程10分　P0輛

↩能嘗到使用羊肉、起司、蔬菜、海鮮等白糠食材的料理

這裡也好想去！

以起司製作的霜淇淋也很大受歡迎。也很推薦羊牧場直營的「Farm Restaurant Cuore」。

在近年備受矚目的白糠酪恵舍」，販售使用白糠產鮮乳製作成的起司。這裡在ズ工房 白糠酪恵食材的店家「チー布的著名店家，使用當地。

往西約30km處的釧路市內散布著30位在釧路市區新町」。

酪農城市・白糠町

MAP ↩附錄 D-7

釧路濕原

くしろしつげん

從釧路市北部開始，橫跨鶴居村與標茶町，是日本最大的濕原，有珍貴的動植物棲息其中。同時也因能看見別名「雲原貴婦」的丹頂鶴而聞名。

釧路站出發的交通方式

🚆 **鐵路** 搭JR釧網本線至釧路濕原站約20分

🚗 **車** 經由國道44號、國道391號至細岡觀景台24km

觀光資訊

釧路觀光會議協會
📞0154-31-1993

MAP P.63

你想從哪裡欣賞呢？

釧路濕原

推薦觀景點

Best **4**

くしろしつげん
MAP 63 B-3

釧路濕原是日本最大的濕原，大部分地區已指定為釧路濕原國家公園，可從觀光列車、步道或觀景台欣賞珍貴的大自然。

知道賺到資訊

日本最大的濕原 也是珍貴的動物棲息地

釧路濕原是日本第一座以保護水鳥為目而登錄於拉薩姆公約的濕原，在日本濕原中面積最大，已指定為國家公園。總面積高達2萬公頃，是天然紀念物丹頂鶴與極北鯢的重要棲息地。

→也有白尾海鵰等罕見動物棲息

✦絕景重點✦

推薦濕原側的座位

視野較好的濕原側座位，能清楚看見釧路川，細岡站至塘路站之間有特別多的景景重點。1個月前就開放預約，別忘了先預約對號座。

照 在觀景重點別忘了拍

推薦給非自駕旅行的人

Best **1**

搭乘**慢車號**前往濕原的中心

從列車上欣賞

「釧路濕原慢車號」是在特定期間行駛於JR釧網本線部分路線上的觀光列車。列車在濕原中曲折前進，春夏時節綠意盎然的濕原景觀、秋天裡色彩繽紛的紅葉都是一大看點。能一邊觀賞車窗外目不暇給的自然風光，一邊享受悠哉的觀光之旅。

釧路站～塘路站 くしろしつげんのろっこごう

釧路濕原慢車號 **MAP** 63 B-3

📞011-222-7111（JR北海道電話客服中心／列車時刻、車資、費用、對號座空位資訊／6:30～22:00）
🕐往年4月上旬～10月中旬行駛（行駛日需確認）休期間中不定休
💴釧路～塘路間640円，對號座另付840円 ※2024年1月資訊。行駛日請至JR北海道官網確認

↑JR細岡站～塘路站間沿著釧路川行駛，還能看見有人在划行獨木舟。 ←停靠在車站的慢車號

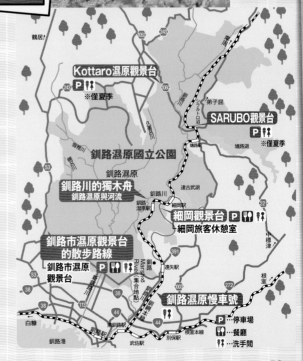

Kottaro濕原觀景台 P 🚻 ※僅夏季

鶴居

SARUBO觀景台 P 🚻 ※僅夏季

釧路濕原國立公園

釧路濕原

釧路川的獨木舟
釧路濕原與河流

細岡觀景台 P 🍴 🚻
→細岡旅客休憩室

釧路市濕原觀景台的散步路線
釧路市濕原觀景台 P 🍴 🚻

釧路濕原慢車號

P …停車場
🍴 …餐廳
🚻 …洗手間

知床

P.20

釧路　釧路濕原

釧路濕原　推薦賞景點Best4

P.50

阿寒　摩周　屈斜路

P.64

網走

P.78

旅行便利資訊

P.94

將濕原的遠闊全景一覽無遺

Best **2** 從**觀景台**欣賞

第一次來濕原就從這裡開始

想一覽釧路濕原的大廣角美景，就前往各地的觀景台吧。很多地點開車或搭火車都能輕鬆抵達，也有一些地方還附設資料室，因此推薦給第一次造訪濕原的人。

釧路町　ほそおかてんぼうだい

釧路濕原站 步行 **10**分

細岡觀景台 MAP 63 C-3

0154-40-4455 (細岡旅客休憩室)

自由參觀　釧路町達古武　P 60輛

✦ 絕景重點 ✦

濕原代表性的大全景

可一覽蜿蜒的釧路川、整片綠色的濕原、遠方的雄阿寒岳與雌阿寒岳，享受俗稱「大景觀」的釧路濕原第一美景。同時也以夕陽之美而聞名。

前往觀景台前順道去一趟！

ほそおかびじたーずらうんじ

細岡旅客休憩室

0154-40-4455

MAP 63 C-3

鄰近細岡觀景台的旅客休憩室，看板區簡單易懂地介紹濕原如何形成，同時附設商店、輕食區。JR班次不多，請先確認時刻表再出發。

9:00～18:00 (因季節而異)

休無休　釧路町達古武22-9

JR釧路濕原站步行10分　P 60輛

↑館內洋溢著木頭的芳香，最適合小憩片刻

✦ 絕景重點 ✦

一覽濕原及遠方群山

觀景位在橫越Kottaro濕原的道路旁，能盡情欣賞特別保護地區Kottaro濕原的神秘景觀。

塘路站 開車 **5**分

標茶町　さるるんてんぼうだい

SARURUN觀景台

015-485-2111

(標茶町觀光商工課觀光振興係)

MAP 63 C-2

自由參觀　標茶町塘路　P 10輛

✦ 絕景重點 ✦

將濕原的湖沼群盡收眼底

建在小山丘上的觀景好去處，能眺望塘路湖及周邊的四座湖沼。

標茶町　こったろしつげんてんぼうだい

Kottaro濕原觀景台

MAP 63 C-2

015-485-2111 (標茶町觀光商工課觀光振興係)

自由參觀　標茶町コッタロ　P 20輛

塘路站 開車 **10**分

✦ 絕景重點 ✦

完全沉浸在濕原的世界裡

能欣賞濕原內未經人工雕琢的大自然，是獨木舟之旅獨有的魅力。在緩緩流動的河水中，享受雄偉景觀和與野生動物的相會。

↑附導覽，也有獨木舟的講習，抱著輕鬆的心情參加吧

划著獨木舟在水上觀光

推薦給想更加深入享受濕原的人

Best **4** 從**釧路川上**欣賞

釧路濕原國家公園裡的獨木舟之旅。採完全包租制，能悠哉地度過私人的時光。春季到冬季會配合季節或時段推出各式各樣的方案，其中「早晨獨木舟之旅」特別受歡迎。

釧路町　くしろまーしゅあんどりばー　0154-23-7116

釧路Marsh & River MAP 63 C-4

8:00～19:00　休不定休　¥獨木舟之旅9500円(含導覽、獨木舟用具一套)、另付傷害保險費500円

釧路町トリトウシ88-5　JR釧路站車程20分

HP https://946river.com/　P 10輛

感受大自然氣息的步道

Best **3** 從**木道·散步路線**欣賞

推薦給想近距離感受濕原的人

道道53號周邊釧路濕原西區的熱門景點，就是能近距離感受釧路濕原之雄偉的濕原內散步路線。步道路線以釧路市濕原觀景台為基點，一圈約2.5km，不到一小時就能走完。鋪設木道的北側路線上下起伏較小，容易行走。

✦ 絕景重點 ✦

眺望濕原遼闊的西側

單程20分鐘左右的衛星觀景台，是景色最為開闊的觀景點，能眺望深綠色赤楊木群生在黃綠色蘆葦上的美麗風景。

釧路市　くしろししつげんてんぼうだいのさんさくろ

釧路市濕原觀景台的散步路線

0154-56-2424 (釧路市濕原觀景台)

MAP 63 B-3

自由散步，觀景台為8:30～17:30(視季節而異)　休無休

¥觀景台入場費480円　釧路市北斗6-11

JR釧路站搭阿寒巴士往鶴居35分，濕原展望台下車即到　P 110輛

→步道各處設有解説板，能從上頭獲得濕原的知識

↑成為散步據點的釧路市濕原觀景台

塘路湖 ●とうろこ
MAP 63 C-3

景點

📞015-485-2111(標茶町觀光商工課觀光振興係)

釧路濕原最大的湖泊

雖然是釧路濕原三湖中最大的湖泊，最深處卻只有約7m，非常淺。湖畔邊被愛努人視為食物的pekanpe（菱角）生長茂盛。有步道和露營場，也能划獨木舟。
🚶自由散步 📍標茶町塘路 🚉JR塘路站步行10分 🅿30輛

湖畔還有塘路湖生態博物館中心及標茶町鄉土館

塘路湖生態博物館中心 Alcott
●とうろこえこみゅーじあむせんたーあるこっと
MAP 63 C-3

景點

📞015-487-3003

介紹塘路湖周邊的自然環境

提供釧路濕原四季自然環境及相關參觀資訊，可透過立體模型和展示看板等瞭解濕原的生態。
🕙10:00～17:00(11～3月～16:00) 休週三 💴免費入館 📍標茶町塘路原野 🚉JR塘路站步行20分 🅿30輛

↑在設施附近有可輕鬆散步的步道
↑館內的展覽以「水」為主題

佐佐木榮松紀念 釧路濕原美術館
●ささきえいしょうきねんくしろしつげんびじゅつかん
MAP 63 A-3

景點

📞0154-66-1117

展示以釧路濕原為主題的作品

這座美術館收藏了大家稱為濕原畫家——於2012年結束畫家生涯的佐佐木榮松作品、遺物和資料。以釧路市為據點，展示她為道東自然風光創作的各樣作品。
🕙10:00～15:30 休5月20日～10月31日為週二～四休，11月1日～5月19日為週一～四休 💴1000円 📍釧路市阿寒町上阿寒23線38 🚉JR釧路站搭阿寒巴士往阿寒湖畔1小時10分，丹頂的里下車即到 🅿10輛

↑繪於1987年的代表作《釧路濕原》

以北海道最大面積為傲的公路休息站
擁有豐富的美食與伴手禮

公路休息站 阿寒丹頂の里
みちのえきあかんたんちょうのさと
MAP 63 A-3

📞0154-66-2969

位 在連結釧路市中心與阿寒湖畔的國道240號旁。資訊中心「crane´s terrace」販售使用當地食材製成的輕食與加工品，很受自駕遊客的歡迎。正對面還有附設住宿設施及溫泉的「丹頂之里紅貝雷溫泉」，便於在阿寒摩周國立公園、釧路濕原國立公園觀光時使用。步行距離內也有可觀察丹頂鶴的「阿寒國際鶴中心【GRUS】（P.62）」。

🕙9:00～18:00(10～4至～17:00) 休無休(春、秋季有臨時休) 📍釧路市阿寒町上阿寒23線36 🚉JR釧路站車程50分 🅿257輛

↑可享受美肌泉水的天然溫泉（丹頂之里紅貝雷溫泉）

↑陳列當地特產品的「阿寒Marchē」（釧路、阿寒特產品販售店）

人氣的公路休息站

↑使用釧路產落葉松木材打造的資訊中心「crane´s terrace」

↑「crane´s terrace」附設觀光服務處、特產品販售店及輕食咖啡廳等
↑在輕食區販售的紅椒霜淇淋（400円）

↑公路休息站饅頭（8顆裝，648円）
↑「阿寒丹頂黑和牛（烤肉用等）」（300g·2300円～）

人氣伴手禮

↑冷凍乾燥西洋山葵（500円）

↑公路休息站原創的「CRANE'S TERRACE COOKIES」（648円）

釧路市動物園 ●くしろしどうぶつえん
MAP 63 A-3

景點

📞0154-56-2121

能見到與北海道有關的動物們

飼養的動物多達約330隻，連天然紀念物毛腿魚鴞等稀有動物也看得到。
🕙9:30～16:00(10月15日～4月9日為10:00～15:00) 休無休(12～2月為週三休，逢假日則營業) 💴580円 📍釧路市阿寒町下仁々志別11 🚉JR釧路站搭乘阿寒巴士1小時，動物園下車即到 🅿300輛

據説毛腿漁鴞為愛努人的村莊守護神

↑展示館內有輕食區，北海道炸雞（320円）和霜淇淋（280円）非常熱門。伴手禮項目也很豐富

↑腳部雖然有障礙，但仍很努力活著的西伯利亞虎「COCOA」

知床

釧路 釧路濕原

釧路濕原完整區域指南

阿寒 摩周・屈斜路

網走

旅行便利資訊

P.20
P.50
P.64
P.78
P.94

「旅遊照」Tips

熟練地拍出漂亮的景色吧！

「昭文社MAPPLE」取材攝影師傳授你「旅遊照」拍攝重點小建議。

風景編

看見令人感動的風景是旅途中很大的樂趣！稍微花點巧思就能讓照片的整體感覺大大提升。

Tips 1 構圖（角度）

要拍海、山這類的美景，別將風景全部平均地配置在要拍攝的畫面內，首先試著讓近距離的景色在畫面中佔據較大的配置空間吧 ❶。中心點稍微偏移一些，就能展現出遼闊並具有深度的風景。在雲彩和天空很漂亮的時候，相反地就算讓上方的天空佔據大部分畫面，也能拍出令人印象深刻的照片 ❷。充滿歷史氛圍的街道和擁有水景的風景也是，透過移動中心點就能拍出給人完全不同印象的照片 ❸。

Tips 2 光線（時間）

雖說天氣晴朗明亮時能拍出藍天綠地相映的美麗照片，但是中午前後可能會因為太陽高掛而產生清晰強烈的影子 ❶。此外，早晨和夕陽時段會有許多適合拍出美照的好時機。畫面中有太陽時，請不要將太陽放在畫面的中央位置 ❷。日落位置會依季節有很大的差異，請在確認方位與時間之後，構思拍攝的畫面與位置 ❸。最好採夜景的話，則推薦日落後20～40分，這段在天空中仍帶有藍色的魔幻時刻 ❸。最好採夜景模式「關閉閃光燈」。雖然最近防手震的功能也很不錯，但還是盡可能地讓相機或手機呈靜止狀態，才能拍出更漂亮的照片。

Tips 3 拉近（視角）

試著有效運用變焦功能拍照。並不是要讓照片呈現焦距鏡頭的感覺，而是要剪裁風景，便能享受照片呈現出不同角度的風格。看見壯麗的景色時，拍下全景 ❶，再拍一張，透過拉近的變焦功能等，試著大刀闊斧地擷取畫面也很不錯呢 ❷。

※照片為示意圖。

鶴居 ●つるいどさんこぼくじょう MAP 63 B-2

玩樂

鶴居道產子牧場

☎0154-64-2931

與道產子一同前往濕原散步

連初次騎馬的人也能輕鬆享受。還有適合老手的仙境「kirakotan岬路線」。

⏰9:00～16:00 休無休 ¥半日路線9100円 所鶴居村久著呂71-1 🚃JR釧路站搭阿寒巴士往グリーンパークつるい55分，鶴見台下車，搭接駁車10分（接送需洽詢）P10輛

↻騎在矮小的道產馬背上，他們的特色是強健的腰腿及耐力

鶴居 ●つるいたんちょうぷらざつるぼーのいえ MAP 63 B-2

購物

鶴居たんちょうプラザ つるぼーの家

☎0154-64-5350

鶴居好吃的東西齊聚一堂

限量販售包裹著鶴居村起司和星空黑牛的炸肉餅「ぎゅっち」。大概需要花上8分左右製作，也可外帶現炸商品。

⏰9:00～18:00（冬季為～17:00）休無休（冬季為週一）所鶴居村鶴居東1-1-3 🚃JR釧路站車程40分 P18輛

↑「ぎゅっち」3個1350円，外帶1個400円，皆為限量販售

↻匯集鶴居的在地產品

釧路 ●れすとらんおず MAP 63 B-4

美食

Restaurant OZ

☎0154-52-5452

靜靜佇立在釧路濕原上

除了燉煮及鐵板料理外，還提供咖哩和義大利麵。店內播放爵士樂，氣氛安穩祥和。

⏰11:00～15:00、17:00～20:00（週六、週日、假日供應午餐～16:00）休週二（逢假日則營業）所釧路市鶴野143-13 🚃JR釧路站搭阿寒巴士往布伏內·山花溫泉リフレ35分，鶴野下車即到 P26輛

↻店內擺放古董家具及小東西

↻「偉大詐欺師的魔術」（馬賽魚湯）1590円（套餐1980円）

釧路 ●くしろししつげんてんぼうだい MAP 63 B-3

景點

釧路市濕原觀景台

☎0154-56-2424

走步道之前先去一趟

可學習釧路濕原相關知識的設施，建築物周邊有通往衛星觀景台及溫根內遊客中心的遊步道。

⏰8:30～17:30（10～3月為9:00～16:30）休無休 ¥480円 所釧路市北斗6-11 🚃JR釧路站搭阿寒巴士往鶴居35分，濕原展望台下車即到 P110輛

↻入口處能看到釧路濕原的立體模型

↻仿「谷地坊主」外觀的建築物

原來如此✦COLUMN

廣闊的山丘田園風光 前往「鶴居村」看看吧

鶴居村是位在距釧路市區約34km處的小村莊，擁有能觀賞丹頂鶴的地點、位置絕佳的咖啡廳、起司工房等等，可享受富北海道情調的風景與食材，因而備受好評。「日本最美麗的村莊聯盟」由日本美麗的農山漁村所組成，鶴居村即是成員之一，藉由風景及美食等魅力推動美麗村莊的建設。

↻小山丘上有咖啡廳和餐廳也是迷人之處

鶴居 ●おんねないもくどうこーす MAP 63 B-3

玩樂

溫根內木道路線

☎0154-65-2323（溫根內遊客中心）

一整年都能看到各式各樣的野鳥

長約3km的步道，以「溫根內遊客中心」為起點，也與釧路市濕原觀景台的散步路線（P.59）相連。道道53號道路旁的停車場就是通往濕原的入口。

⏰自由參觀（冬季未除雪請注意安全，且可能會有步道施工而禁止通行的區間，請洽詢）所鶴居村溫根內 🚃JR釧路站搭阿寒巴士往グリーンパークつるい45分，溫根內ビジターセンター下車，步行5分 P50輛

↻設有無障礙木道

↻溫根內遊客中心備有導覽地圖等資料（週二休館）

補充知識 小單元！「根釧牛乳」僅使用根室、釧路周邊的乳牛所擠出牛乳。乳牛吃著優質牧草，在即使夏天也依舊涼爽舒適的氣候下成長，擠出的牛乳與其他相較風味更為濃郁，因而受到好評。

還能近距離觀察

可學習丹頂鶴的知識

釧路郊外
釧路市動物園
●くしろしどうぶつえん

☎0154-56-2121　**MAP** 63 A-3

飼養49種、約310隻動物的動物園。在飼養北海道動物的「北海道區」可看見丹頂鶴，也有能從高處觀察的露台。

詳細資訊請參考P.60

飼育數 5隻

可隔著金屬網近距離觀察

想看丹頂鶴的話推薦

觀察廣場

將丹頂鶴放在自然環境中飼養

釧路郊外
釧路市丹頂鶴自然公園
●くしろしたんちょうづるしぜんこうえん

☎0154-56-2219　**MAP** 63 A-3

可在接近自然的狀態下觀賞丹頂鶴的自然公園。昭和33（1958）年開園，目的為保護並繁殖瀕臨絕種的丹頂鶴。有可環視飼育場的展望台。

飼育數 16隻

有時還能看見親子相親相愛的畫面

🕒9:00～18:00(10月15日～4月9日為～16:00)　休無休　¥入園費480円　所釧路市鶴丘112　交JR釧路站搭阿寒巴士往阿寒湖畔60分，鶴公園下車即到　P85輛

❄**冬天就在鶴居村觀察野生的丹頂鶴！**

冬天會在鶴居‧伊藤丹頂鶴Sanctuary（**MAP** 63 B-2）與鶴見台（**MAP** 63 B-2）餵食飼料，可看見丹頂鶴在大自然生活的樣子。

觀賞時機 11月下旬～3月上旬
飛來數 最多約200隻
🔄2～3月還有機會看見公母鶴跳起求偶舞蹈

日本唯一為丹頂鶴設立的設施

也有導覽員進行解說

阿寒
阿寒國際鶴中心【GRUS】
●あかんこくさいつるせんたーぐるす

☎0154-66-4011　**MAP** 63 A-3

這裡是研究丹頂鶴生態與行為的設施，GRUS是拉丁文「鶴」的意思。在野外飼育場一整年都能觀察丹頂鶴，也有介紹生態的資料展示。

🕒9:00～17:00　休無休
¥入館費480円
所釧路市阿寒町上阿寒23-40
交JR釧路站搭阿寒巴士往阿寒湖畔1小時10分，丹頂的里下車即到
P50輛

飼育數 5隻
(包括1隻白枕鶴)

❄**冬天會有野生丹頂鶴飛來隔壁的觀察中心！**

由於阿寒町丹頂鶴觀察中心會餵食飼料，多的時候會有200隻丹頂鶴飛來。

🕒11～3月的8:30～16:00(視季節而異)
休期間中無休　¥480円

觀賞時機 12～2月
飛來數 100隻

🔄快門聲隨著華麗的舞蹈響起

MAP 63 A-3

夏天肯定能看見的地點

去賞丹頂鶴吧！

丹頂鶴是特別天然紀念物，想在濕原看見並不容易，但這裡要介紹肯定能看得到的地點。

最好的季節 全年
所需時間 每個設施1小時
下雨天時… 撐傘遊覽

圖解丹頂鶴

嘴喙部分長約16～17cm，以種子、魚類、青蛙等為食，屬雜食性。

特徵是紅色的頭部。丹頂的「丹」是紅色、「頂」是頭頂的意思。

翅膀展開可達2.2～2.4m，還會用巨大的翅膀威嚇狐狸。

為了方便在濕原或泥地上行走，四趾朝不同的方向展開。

在「公路休息站 阿寒丹頂の里」買得到丹頂鶴伴手禮

阿寒
公路休息站 阿寒丹頂の里
●みちのえきあかんたんちょうのさと

☎0154-66-2969　**MAP** 63 A-3

釧路特產一應俱全

公路休息站位在從釧路往阿寒湖的國道240號道路上。除了以丹頂鶴為主題的商品外，還販售當地產蔬菜和點心等各種伴手禮。腹地內還有美術館及溫泉住宿設施。

詳細資訊請參考P.60

丹頭之鶴
1個194円

釧路市阿寒町和菓子老店「松屋」的商品。在丹頂鶴造形的外皮內包入紅豆粒餡

主要設施「クレインズテラス」

丹頂鶴3D藝品 **770円**
完成後會呈現展翅丹頂鶴的紙藝品

剪刀 **1100円**
握柄部分做成丹頂鶴形狀的剪刀

62

釧路廣域・釧路濕原

0　　　4km

周邊圖
附錄正面

☻景點　☺玩樂　Ⓜ美食　♨溫泉　🛍購物　Ⓗ住宿

往阿寒・屈斜路・摩周MAP P.77

摩周駅
磯分内駅

標茶町

鶴居村

Brasserie Knot Shop 工場併設直売所 P.16

ⒽHeartn樹民宿 P.96

グリーンパークつるい

(休業中)つるい

阿寒湖

手づくりアイス&ヨーグルト
あっかんべぇー 阿寒本店 P.69

村民の森
(休業中)つるい

鶴居たんちょうプラザ つるぼーの家 P.61

Ⓗつるいむら湿原温泉ホテル P.17・97
湿原 P.62
鶴居・伊藤丹頂鶴Sanctuary

簡易軌道
中雪裡南

タンチョウ繁殖地

鶴居道産子牧場 P.61
下久著呂鶴声

茅沼駅

P.59 Kottaro濕原観景台

白鳥飛来地
サルボ展望台

SARURUN観景台 P.59

塘路駅

塘路湖生態博物館中心
Alcott P.60

レイクサイドとうろ
土佐商店
釧路湿原 とうろの宿

塘路湖 P.60

赤いベレー

阿寒町丹頂鶴観察中心 P.62
阿寒國際鶴中心[GRUS] P.62
佐佐木栄松紀念 釧路濕原美術館 P.60

公路休息站 阿寒丹頂の里 P.60・62

ファームエコロッジ旅人宿 丹頂の家

P.62鶴見台
鶴見台PA
Ⓗつくしヴィレッジ

ロイヤルバレイ
スキー場

溫根內木道線 P.61
温根内ビジターセンター

みん宿の一む

細岡駅

釧路町達古武オートキャンプ場

細岡旅客休憩室 P.59
細岡観景台 P.59

北斗霊園

釧路湿原駅

釧路川カヌーツーリング

P.12・14・58 釧路濕原

岩保木水門

P.60・62釧路市動物園

釧路市ふれあいホースパーク
山花

釧路濕原慢車號 P.58

鳥通

P.62釧路市丹頂鶴自然公園

釧路市濕原観景台 P.61
釧路市濕原観景台的散歩路線 P.59

東遠野

丹頂釧路機場 P.96

P.7・59

釧路市

釧路Marsh & River P.7・59
遠矢駅

釧路町
上別保

厚岸町

白糠町

Restaurant OZ

JOY PACK CHICKEN

Shop&cafe Rhythm

犬や喫茶やパフェ屋 ノスタルジィ P.54

くしろ港町 釧ちゃん食堂 P.52

釧路水族館 PUKU-PUKU P.56

別保駅

公路休息站 しらぬか恋問 P.10
レストラン
む〜んらいと

P.53 阿部商店工場直売店・喰処 鮭番屋

P.56 Marine Topos釧路

新富士駅

釧路駅

P.56 釧路

武佐駅

東釧路駅

釧路市立博物館 P.56

白糠駅

西庶路駅

白糠町市街

釧路港

米町ふるさと館

P.55 まるひら

回転寿司 なごやか亭 春採店 P.55

太洋洲炭砿炭鉱展示館

根室本線

弁天ヶ浜

太平洋

包圍在霧氣的面紗中

摩周湖 →P.70
摩周

霧氣濃密、少有日子能看清全貌，卻讓湖更添一層神祕的色彩。冬天樹枝上會結出霧氣凝結形成的霧淞。

還沒看到這幅美景怎能回家

美幌峠 →P.71
屈斜路

從周邊火山崩塌後殘留的山嶺能遠眺屈斜路湖的美景。從海拔525m美幌峠環視的湖景，美得讓人不禁屏息。

出發之前先掌握好區域概要！

三大火口湖與人氣溫泉鄉之旅

阿寒 摩周 屈斜路
一目了然導覽

あかん・ましゅう・くっしゃろ

阿寒湖 →P.66
阿寒

球藻靜靜沉睡的神祕湖泊

因雄阿寒岳的火山活動形成的火口湖，湖畔南側有飯店和伴手禮店比鄰而立。會行經球藻展示觀察中心的觀光船也非常受遊客喜愛。

快速認識阿寒·摩周·屈斜路

阿寒摩周國立公園周邊是北海道首屈一指的觀光地，有可看見球藻的阿寒湖、霧濛濛的摩周湖、以及日本最大火口湖屈斜路湖等景點。還有阿寒湖溫泉、川湯溫泉、摩周溫泉等溫泉鄉散布各處。

高蛋白質低卡路里裡廣受歡迎的健康食材

蝦夷鹿料理 →P.68
阿寒

阿寒的蝦夷鹿肉有「阿寒紅葉」此一品牌名。在阿寒湖溫泉街，可嘗到愛努族傳統料理的鹿肉。

眾多講究食材的店家

時尚咖啡廳&餐廳 →P.73
摩周·屈斜路

在舒適的咖啡廳&餐廳享受午餐時光，有的改裝自車站老建築或老民宅、有的可從窗戶欣賞美景。

在所到之處享受各式各樣的美味

牧場直送冰淇淋

道東地區盛行酪農業，其中弟子屈町誕生的「くりーむ童話」正是代表北海道的冰淇淋名店。

→P.69·74·75 摩周·屈斜路

川湯溫泉的矚目活動

川湯森林夜間博物館

這裡有將川湯園區內的川湯之森點上燈光的「圖鑑之森」，川湯周邊出色的店家到此出攤有「森林市集」等，是能享受川湯溫泉夜晚的秋季活動。左為2022年實際活動照片。

期間：10月中旬～下旬
費用：免費參觀
洽詢處：015-482-2200
（摩周湖觀光協會）
MAP 76

知床
P.20

釧路 釧路濕原
P.50

阿寒
摩周·屈斜路
一目了然導覽
P.64

網走
P.78

旅行便利資訊
P.94

區域MAP

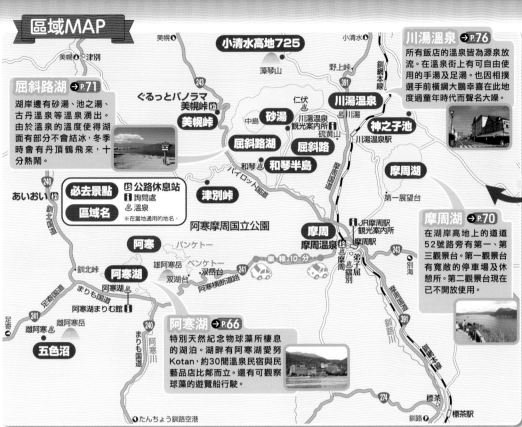

屈斜路湖 →P.71
湖岸邊有砂湯、池之湯、古丹溫泉等溫泉湧出。由於溫泉的溫度使得湖面有部分不會結冰，冬季時會有丹頂鶴飛來，十分熱鬧。

小清水高地725

ぐるっとパノラマ
美幌峠

美幌峠

必去景點　■公路休息站
　　　　　　ℹ詢問處
區域名　　　♨溫泉
※在當地通用的地名。

阿寒摩周国立公園

阿寒

阿寒湖

阿寒湖 →P.66
特別天然紀念物球藻所棲息的湖泊。湖畔有阿寒湖愛努Kotan，約30間溫泉民宿與民藝品店比鄰而立。還有可觀察球藻的遊覽船行駛。

五色沼

たんちょう釧路空港

砂湯

屈斜路湖

屈斜路

和琴半島

津別峠

摩周
摩周溫泉

川湯溫泉 →P.76
所有飯店的溫泉皆為源泉放流。在溫泉街上有可自由使用的手湯及足湯。也因相撲選手前橫綱大鵬幸喜在此地度過童年時代而聲名大噪。

川湯溫泉

神之子池

摩周湖

JR摩周駅
觀光案内所

車程10分

摩周湖 →P.70
在湖岸高地上的道道52號路旁有第一、第三觀景台。第一觀景台有寬敞的停車場及休憩所。第二觀景台現在已不開放使用。

屈斜路 川湯溫泉

阿寒

摩周

丹頂釧路機場

風味醇厚的在地蕎麥麵
摩周蕎麥麵 摩周 →P.74
風味醇厚的蕎麥麵使用在弟子屈町種植的原料製作。以獨特的方式採收，由於產量不多，也被稱作夢幻般的蕎麥麵。

弟子屈 CHOKOMO

在位於川湯溫泉街的EZO Rider House，能夠租借對環境友善、新世代的雙人座超小型電動移動工具「弟子屈CHOKOMO」。擁有一般駕照便可駕駛，僅可在弟子屈町內行駛，費用為3小時3300円。此外，也能在此租借摩托車和自行車，需事先預約。

EZO Rider House ☎015-486-7767

必買伴手禮 BEST 3

以球藻為主題的人氣伴手禮 阿寒 →P.67
球藻甜點
口感滑順的「球藻布丁」和內館為球藻羊羹的銅鑼燒──「球藻玉銅鑼」等原創商品相當豐富！

北海道內最大的愛努村落
愛努工藝品 阿寒 →P.66
在阿寒湖愛努Kotan，有以神話或動植物為主題的木偶、傳統樂器mukkuri、愛努花紋商品等等，廣泛匯集了最適合當作旅遊紀念的工藝品及伴手禮。

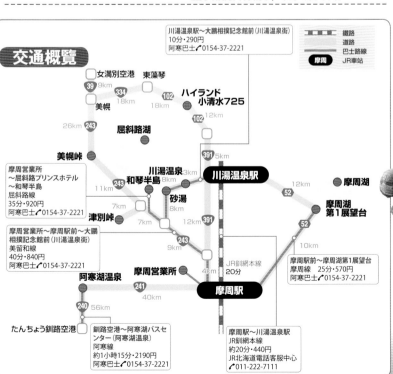

交通概覽

川湯溫泉駅～大鵬相撲記念館前(川湯溫泉街)
10分·290円
阿寒巴士☎0154-37-2221

鐵路
道路
巴士路線
JR車站

女満別空港　東藻琴
39　9km
334　18km
美幌
26km　243

ハイランド
小清水725
102　18km
102　12km

屈斜路湖

391　5km

美幌峠

摩周營業所
～屈斜路プリンスホテル
～和琴半島
屈斜路線
35分·920円
阿寒巴士☎0154-37-2221

川湯溫泉　3km
和琴半島　8km

川湯溫泉駅

砂湯
8km

11km　243

津別峠

7km

7km　12km　391

243　9km

摩周湖

52　12km

摩周湖
第1展望台

52

摩周營業所

摩周營業所～摩周駅前～大鵬
相撲記念館前(川湯溫泉街)
美留和線
40分·840円
阿寒巴士☎0154-37-2221

10km

JR釧網本線
20分

4km

摩周駅

241
40km

阿寒湖溫泉

240　56km

たんちょう釧路空港

釧路空港～阿寒湖バスセンター(阿寒湖溫泉)
阿寒線
約1小時15分·2190円
阿寒巴士☎0154-37-2221

摩周駅前～摩周湖第1展望台
摩周線　25分·570円
阿寒巴士☎0154-37-2221

摩周駅～川湯溫泉駅
JR釧網本線
約20分·440円
JR北海道電話客服中心
☎011-222-7111

65

定期觀光巴士&計程車方案
請見 →P.102！

※2023年3月時資訊，有可能變動。

觀光洽詢處　阿寒觀光協會☎0154-67-3200、摩周湖觀光協會☎015-482-2200

阿寒湖誕生自周邊自古以來的火山活動，受蓊鬱的森林所圍繞，並因有球藻棲息而名聞遐邇。湖畔南側有溫泉街，是人聲鼎沸的道東觀光據點。

丹頂釧路機場出發的交通方式

巴士 搭阿寒巴士往阿寒巴士中心（阿寒湖溫泉）約1小時15分鐘

車 經道道65號、國道240號至阿寒湖溫泉街56km

觀光資訊
阿寒觀光協會
☎0154-67-3200
MAP P.69・77

玩樂方式 1

搭觀光船去
觀賞球藻

觀光船會開到這裡

溫泉街玩樂！

去一趟churui島
近距離觀察珍貴的球藻
阿寒觀光汽船
◆あかんかんこうきせん
☎0154-67-2511
MAP 69

從湖畔碼頭出航，周遊阿寒湖的風景名勝。除了球藻展示觀察中心所在的churui島等大小島嶼之外，還有雄偉的雄阿寒岳及雌阿寒岳等豐富看點。

🕐5～11月的8:00～16:00（視季節而異，1天8～11班）🈳期間中無休
🚢乘船費2000円（含球藻展示觀察中心的入館費）🏠釧路市阿寒町阿寒湖溫泉1-5-20 🚌阿寒湖巴士中心步行5分 🅿使用公共停車場（收費）

球藻展示觀察中心
位於阿寒湖北邊湖面的churui島（MAP 77 A-3）上，可近距離觀察自然狀態下的球藻。
🕐5月～11月的遊船營運期間
🈳期間中無休

若想更深入地欣賞…

↑阿寒湖的球藻因形狀又大又美而受到全世界重視
MAP 77 A-3（阿寒湖）

↑可透過水槽展示和設置在湖中的攝影機觀察球藻的模樣

原來如此小專欄

什麼是球藻？
國家特別天然紀念物，棲息在湖水中的一種綠藻。像阿寒湖這樣又大又美麗的圓球形球藻，即使放眼全世界也很罕見。生長速度會因環境而異，據說有5年直徑增加15cm的例子。

↑美麗的圓球形球藻，讓人難以置信它竟然是植物

241
阿寒湖愛努 Kotan
・民芸喫茶「ポロンノ」（P.68）
阿寒湖愛努戲院「Ikor」
阿寒遊久之里 鶴雅（P.95）
・阿寒 Iyomap 花園（P.69）
N

阿寒地區自古以來的傳統舞蹈
愛努民族舞蹈專用劇場
阿寒湖愛努戲院「Ikor」
◆あかんこあいぬしあたーいころ
☎0154-67-2727（阿寒愛努工藝協同組合）
MAP 69

愛努民族舞蹈專用劇場。自2019年3月19日開始，每天都會上演融入數位藝術的阿寒Yukar《LOST KAMUY》。《傳統舞蹈》與《Iomante火祭》也是必看節目。

玩樂方式 2

接觸愛努傳統文化

↑阿寒Yukar《LOST KAMUY》的上映時間請至阿寒湖愛努Kotan的官網確認。約30分，2200円
↑日本國內第一間愛努民族舞蹈專用的劇場

🕐9:00～21:00（視演出而異，需洽詢）🈳視演出而異 🎫古代舞蹈1500円
🏠釧路市阿寒町阿寒湖溫泉4-7-84 🚌阿寒湖巴士中心步行10分 🅿50輛

約30間愛努民藝品店及餐廳集中於此
阿寒湖愛努Kotan
◆あかんこあいぬこたん
☎0154-67-2727（阿寒愛努工藝協同組合）
MAP 69

北海道內最大的kotan（村落），有約36戶、120名愛努人在此生活。民藝品店、餐飲店應有盡有，可享受購物及美食。

🕐9:00～22:00（視設施、店鋪而異）🈳不定休 🏠釧路市阿寒町阿寒湖溫泉4-7-84 🚌阿寒湖巴士中心步行10分 🅿50輛

↑夜裡在貓頭鷹雕像等處會打上燈光，醞釀出神祕的氛圍

人氣伴手禮

↑「愛努圖樣托特包」（8360円・熊の家）

↑「Kim-un Kamuy布章」（1500円・熊の家）

↑有販售木雕作品的店鋪，以及能嘗到獨特鄉土料理的餐廳

知床
P.20
釧路 釧路濕原
P.50
阿寒 摩周·屈斜路
在阿寒湖溫泉街玩樂!
P.64
網走
P.78
旅行便利資訊
P.94

親近阿寒大自然的湖畔森林漫步
BOKKE步道

◆ぼっけゆうほどう

☎0154-67-4100 (阿寒湖畔EMC)

MAP 69

有2條路線能盡情享受阿寒湖畔森林豐富的大自然。泥火山「BOKKE」是必看景點，泥巴和水會從地表啵啵啵地噴出來。

自由散步 釧路市阿寒湖町阿寒湖溫泉1-1-1

阿寒湖巴士中心步行6分 無

↑起點是阿寒湖畔生態展覽中心 (P.69)

「pohuke（意為煮沸）」

「BOKKE」之名來自愛努語的

玩樂方式
③ 漫步BOKKE步道

為夜晚森林點綴上影像與光彩的聲光秀
阿寒湖森林夜間漫步「KAMUY LUMINA」

◆あかんこのもりないとうぉーく"かむいるみな"

☎0154-65-7121
(阿寒探險旅遊株式會社)

MAP 69

漫步在運用光雕投影、音效和燈光點綴夜晚的BOKKE步道，實際感受以愛努傳承為基礎，與自然共生的故事。

5月中旬～11月中旬，日落30分後開始

期間中無休

入場費3500円

釧路市阿寒町阿寒湖溫泉1-5-20

阿寒湖巴士中心步行8分

無

↑聽著從節奏權杖流淌出的語音導覽，進行探險

↑將漆黑的夜間森林點綴上最先進的數位藝術

在溫泉街購買球藻甜點

球藻布丁
↑口感滑順的圓形布丁。
5個裝1296円

球藻玉銅鑼
↑內餡為球藻羊羹，外皮麵糊使用米粉烤製而成的銅鑼燒。1個162円～

※以上商品在阿寒溫泉工房有售
(P.69)

阿寒湖溫泉的人氣活動

10月8·9·10日

球藻祭

MAP 69

以保護國家特別天然紀念物——「阿寒湖球藻」為目的的祭典。在活動舉行期間會開設球藻講座、棲息地觀察會，以及球藻的迎、護、送儀式。

↑以Ekasi（長老）之手將迎自阿寒湖的球藻，送回湖中的「送球藻儀式」

觀光重點
① 在溫泉街逛逛樂趣十足
② 愛努文化與豐富的自然景觀
③ 搭觀光船遊覽又是一番風景

在雄阿寒岳前享受優雅的湖上遊覽之旅。所需時間約1小時25分，含觀賞球藻15分

溫泉DATA
◆泉質…
單純泉、碳酸氫鈉泉
(38～85度)
◆住宿設施…
14間
◆可不住宿入浴的設施 6間

球藻與愛努文化之鄉
阿寒湖

位在阿寒湖湖畔的道東最大溫泉街——阿寒湖溫泉，以能實際感受愛努文化的Kotan為中心，還能盡情沉浸在當地美食與富饒自然環境之中。溫泉街也有幾處手湯與足湯。

這裡也能看到天然球藻

地圖標示：
阿寒湖巴士中心（巴士總站）
阿寒湖まりむ館（觀光服務處）
奈辺久(P.68)
Pan de Pan(P.68)
ニュー阿寒ホテル
溫泉工房あかん(P.69)
阿寒の森鶴雅リゾート花ゆう香
觀光船搭乘處
阿寒觀光汽船
阿寒湖畔生態展覽中心(P.69)
阿寒湖森林夜間漫步「KAMUY LUMINA」
觀光船搭乘處
阿寒觀光汽船
弁慶的足湯(P.69)
BOKKE步道
阿寒湖

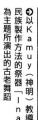

↑以Kamuy（神明）教導愛努民族製作方法的祭器「Inaw」為主題所演出的古老舞蹈

奈辺久 ◆なべきゅう
☎0154-67-2607 **MAP** 69

阿寒湖畔的鄉土料理店，昭和40（1965）年創業。位於溫泉街幾乎正中央，可輕鬆地順路過去。能品嘗「姬鱒生魚片定食（5～7月上旬）」（1700円）、「西太公魚天婦羅定食」這類阿寒湖捕撈的西太公魚、姬鱒料理。

🕙11:00～15:00 🈺週三 📍釧路市阿寒町阿寒湖溫泉4-4-1 🚌阿寒湖巴士中心步行9分 🅿無

阿寒湖溫泉街的老店
鄉土料理應有盡有

↑店內是數十年如一日的沉穩氛圍，可悠悠哉哉地吃一頓飯

姬鱒

姬鱒丼（5～7月上旬）
1700円
丼飯中能嘗到姬鱒的鮮美。魚產自與阿寒湖相鄰的パンケトウ湖。

美食MEMO
與柳葉魚、日本公魚同種的魚類，冬季的穴釣西太公魚十分有名。肉質清淡，風味爽口。做成天婦羅或醃漬魚都美味。

西太公魚

西太公魚天婦羅定食
1190円
新鮮西太公魚配上酥脆麵衣的人氣定食。

美食MEMO
陸封型的紅鮭，魚身是鮮豔的鮭粉色。濃郁的滋味被譽為鮭鱒類中的第一美味。

在溫泉街吃午餐♪
阿寒名產美食

說到阿寒美食，就是以當地產西太公魚和蝦夷鹿肉做的鄉土料理，推薦當作在阿寒湖周邊觀光時的午餐。

在美好的麵包店中
品嘗阿寒甜點

Pan de Pan ◆ぱんでぱん
☎0154-67-4188 **MAP** 69

麵包店位在阿寒湖溫泉街上，時尚裝潢與現烤麵包和甜點頗受當地人的青睞。可搭配咖啡或無酒精飲料品嘗。也提供外帶。

🕙9:00～17:00 🈺週三 📍釧路市阿寒町阿寒湖溫泉1-6-6 🚌阿寒湖巴士中心步行4分 🅿2輛

←位在「鶴雅休閒渡假飯店花悠香」的隔壁

美食MEMO
師傅製作的原創麵包與甜點，堅持使用北海道產小麥與雄阿寒岳的伏流水，非常搶手。

↑善用紅色的裝潢相當時髦

美食MEMO
肉質含高蛋白質、低脂肪，近年各地都研發出五花八門的料理，人氣水漲船高。特色是沒有腥臭味。

野味套餐
1100円
內容含山菜鹿肉湯、黍飯以及稱作女舊的雄鮭內臟鹽辛醃漬物。

蝦夷鹿

甜點

雄阿寒泡芙
260円
外觀表現出山脈凹凸不平的地表，裡面是橘子利口酒卡士達奶油。

BOKKE 奶油烤布蕾泡芙～ 390円
在外觀看起來像阿寒湖的泡芙皮中，填入滿滿的奶油與糖煮水果。

位在愛努Kotan內的餐廳
可品嘗愛努料理

民芸喫茶 ポロンノ
◆みんげいきっさぽろんの
☎0154-67-2159 **MAP** 69

將店內員工採摘的行者大蒜、鵝掌草、蜂斗菜、莢果蕨及蘑菇入菜。蝦夷鹿肉是從技巧高超的獵人進貨，美味程度備受好評。

🕙12:00～15:00、18:30～21:00（冬季需預約）🈺不定休 📍釧路市阿寒町阿寒湖溫泉4-7-8 🚌阿寒湖巴士中心步行5分 🅿40輛

→店內各處的裝飾都讓人感受到愛努文化

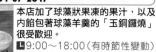

購物 阿寒湖 ●おんせんこうぼうあかん MAP 69

溫泉工房あかん

☎0154-67-2847

本店加了球藻狀果凍的果汁，以及內餡包著球藻羊羹的「玉銅鑼燒」很受歡迎。

🕘9:00～18:00（有時節性變動）休不定休 所釧路市阿寒町阿寒湖溫泉1-4-29 🚌阿寒湖巴士中心步行10分 P有

購物 阿寒湖 ●てづくりあいすあんどよーぐるとあっかんべぇーあかんほんてん MAP 63 A-2

手づくりアイス＆ ヨーグルトあっかんべぇー 阿寒本店

☎0154-68-5188

あっかんべぇ～霜淇淋（350円）很受歡迎。義式冰淇淋（單球350円、雙球450円）的風味散發著生乳香氣，有著高人氣。

🕘10:00～16:00（冬季期間則有時間變動）休期間中週一、祝天候公休 所釧路市阿寒中徹別38番37-4 🚌JR釧路站搭阿寒巴士往阿寒湖畔1小時20分，西徹別入口下車即到 P30輛

溫泉 阿寒湖 ●べんけいのあしゆ MAP 69

弁慶的足湯

☎0154-67-2231（阿寒湖莊飯店）

足湯位在BOKKE步道旁面湖的地點。傳說弁慶曾在此處泡腳休息而得名。可自由使用，舒緩旅途的疲憊。

🕘5～11月自由使用 所釧路市阿寒町阿寒湖溫泉 🚌阿寒湖巴士中心步行5分 P無

美食 阿寒湖 ●だいにんぐきっちんときめき MAP 69

ダイニングキッチン心花

☎0154-65-8032

品項有烤蝦夷鹿肉（1200円）、球藻莫希托雞尾酒（650円），在這間餐廳能品嚐到多國籍料理。

🕘20:00～翌1:00 休週三 所釧路市阿寒町阿寒湖溫泉4-1-27 🚌阿寒湖巴士總站步行9分 P無

景點 阿寒湖 ●あかんこはんえこみゅーじあむせんたー MAP 69

阿寒湖畔 生態展覽中心

☎0154-67-4100

介紹阿寒湖豐富的大自然

位在阿寒湖畔東邊稍遠的位置，可學習阿寒大自然的相關知識。展示室的水槽裡展示被列為特別天然紀念物的球藻與遠東哲羅魚等生物。

🕘9:00～17:00 休週二，逢假日則翌日休 ¥免費 所釧路市阿寒町阿寒湖溫泉1-1-1 🚌阿寒湖巴士中心步行6分 P無

●也有行走設施後方「BOKKE步道」的導覽團

景點 阿寒 ●そうこだい MAP 77 B-3

雙湖台

☎0154-67-3200（阿寒觀光協會）

能眺望大樹海中panketou與penketou「雙湖」神秘模樣的展望台。

🕘5月下旬～10月下旬自由參觀 所釧路市阿寒町国有林2123林班 🚌阿寒湖巴士中心車程15分 P50輛

景點 阿寒 ●そうがくだい MAP 77 B-3

雙岳台

☎0154-67-3200（阿寒觀光協會）

位在阿寒橫斷道路上的展望台，可以欣賞由雄阿寒岳與雌阿寒岳組成的「雙岳」大全景。

🕘自由參觀 所釧路市阿寒町国有林2123林班 🚌阿寒湖巴士中心車程20分 P10輛

玩樂 阿寒湖 ●あかんねいちゃーせんたー MAP 69

阿寒自然中心

☎0154-67-2801

準備了許多阿寒摩周國立公園的戶外活動項目。

🕘8:00～18:00（體驗行程的時間需洽詢）休無休 ¥阿寒湖獨木舟冒險路線（1人）6000円 所釧路市阿寒町阿寒湖溫泉5-3-3 🚌阿寒湖巴士中心步行5分 P3輛

玩樂 阿寒湖 ●つるがあどべんちゃーべーすしり MAP 69

TSURUGA ADVENTURE BASE SIRI

☎0154-65-6276

有導遊同行的「清早兜風＆散步」，或可在阿寒湖釣魚等，能安排各式各樣的戶外活動。

🕘8:00～20:00 休無休 所釧路市阿寒町阿寒湖溫泉4-6-10 あかん湖鶴雅ウイングス1F 🚌阿寒湖巴士中心步行10分 P150輛

景點 阿寒湖 ●あかんいおまぷのにわ MAP 69

阿寒Iyomap花園

☎0154-67-4000

位於「阿寒湖鶴雅之翼」中庭的花園，裡面有著愛努圖樣的「Kamuy Ni」、「dress garden」相當值得一見。

🕘自由參觀 所釧路市阿寒町阿寒湖溫泉4-6-10 🚌阿寒湖巴士中心步行10分 P200輛

↑位在雌阿寒岳與阿寒富士西麓的湖泊

五色沼
●おんねとー

MAP 77 A-4

☎0156-28-3863（足寄町經濟課商工觀光振興室）

🕘自由散步 所足寄町茂足寄 🚌阿寒湖巴士中心車程30分 P10輛

公路休息站 あしょろ銀河ホール21
●みちのえきあしょろぎんがほーるにじゅういち

MAP 附錄 C-6

☎0156-25-6131 🕘9:00～18:00（11～翌4月為～17:00）休無 所足寄町北1-1 🚌阿寒湖巴士中心車程50分 P80輛

🎯🎯與松山千春合照留念
「螺灣蜂斗菜霜淇淋」使用名產螺灣蜂斗菜

MAP ➡ 附錄 C-6

這裡也好想去！

神祕的 足寄町

足寄町與阿寒摩周及大雪山兩座國家公園相鄰，擁有許多綠意盎然的景點，例如綠色會變化成翡翠綠的顏色的「五色沼」、雌阿寒岳等等。「公路休息站 あしょろ銀河ホール21」是足寄町的觀光據點，放牧酪農起司和現烤麵包都很搶手。還有出身足寄町的歌手「松山千春」的藝廊。

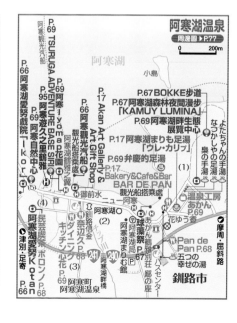

阿寒湖溫泉
周邊圖 ▶ P.77
N 200m

阿寒湖
小島

摩周・屈斜路

●ましゅう・くっしゃろ

這個區域內有摩周湖及屈斜路湖兩座特色各異的火口湖，也是前往知床和釧路濕原的中繼點。走國道241號還能抵達阿寒湖。

位在從摩周湖第一觀景台至川湯溫泉沿途

2大 湖泊美景

巡遊瞭望景點，欣賞霧氣籠罩的神祕摩周湖以及雄偉壯闊的屈斜路湖。交通並不方便，所以建議租車自駕。

從高台眺望2座火口湖

摩周湖第三觀景台
ましゅうこだいさんてんぼうだい

能從最近距離眺望Kamuishu島的私房景點

☎015-482-2200 (摩周湖觀光協會)

MAP 77 C-2

位在摩周湖西側、北海道52號道路旁的觀景景點。在這裡能從最近距離看見Kamuishu島。自停車場側能望見硫磺山和屈斜路湖的絕景。

📅4月下旬～10月自由參觀 (冬季關閉) 📍弟子屈町弟子屈原野 🚉JR摩周站車程25分 🅿15輛

➔從摩周湖第三觀景台通往國道391號的道路，有著超群的景色

摩周湖第一觀景台
ましゅうこだいいちてんぼうだい

☎015-482-1530 (摩周湖カムイテラス)

MAP 77 C-3

3座能將摩周湖盡收眼底的觀景台中最具人氣的一座。2022年7月於腹地內開幕的「摩周湖神威露臺」設有長椅跟露臺，可眺望摩周湖。

📅自由參觀 📍弟子屈町弟子屈原野 🚉JR摩周站車程20分 🅿140輛 (收費※11月下旬～4月上旬免費)

設施Check
●餐廳 ●商店 ●洗手間

丹頂釧路機場出發的交通方式
🚗 經國道240號、274號、道道53號、國道243號，至弟子屈市區85km

釧路站出發的交通方式
🚆 搭JR釧網本線至摩周站1小時20分

🚗 經道道53號、國道274號、道道53號、國道243號，至弟子屈市區71km

觀光資訊
摩周湖觀光協會
☎015-482-2200

MAP P.77

➔被白雪覆蓋的冬季也美不勝收
➔清早有時會有雲海產生

Column

為何稱為「霧濛濛的摩周湖」

摩周湖周邊一年有100天以上會被霧氣籠罩，特別發生在6月～7月。據說在此期間，能全天看見湖泊的時間只有半個月左右。

前方的木製甲板是摩周湖神威露臺，其對面為舊有的觀景臺

摩周湖3座觀景台中景色特別美的一座

Kamuishu島
能看見的部分是高度約240m的火山山頂

Kamuinupuri (摩周岳)
位在湖泊東岸的山，海拔857m

 小清水↑

391

川湯溫泉

💧砂湯
💧池の湯

川湯溫泉駅

裏摩周觀景台

神之子池
據說是由摩周湖地下水形成的神祕水池。
※禁止大型車、中型車通行
MAP 77 C-2

Kamuishu島

857
Kamuinupur
(摩周岳)

243

52

摩周駅
釧路

241

摩周湖
周長20km，面積19.6km²的火口湖。大部分時間被霧氣籠罩，能看見整個湖泊的機率偏低，具神祕感。清早有可能看到壯觀的雲海。
MAP 77 C-2

順路前往的景點

摩周湖神威露臺
◆ましゅうこかむいてらす

☎015-482-1530 **MAP** 77 C-3

位於摩周湖第一觀景台的休憩所，在屋頂的露臺可以坐在沙發上一邊休息放鬆一邊眺望著湖光美景。

📅8:30～17:00 (屋頂露臺為24小時開放) 休無休 🅿140輛

➔受顧客喜愛的自製摩周番薯糯子350円

➔輕食區供應摩周霧霜淇淋450円

➔從屋內能望見湖泊的摩周湖休憩廳

知床
P.20
釧路 釧路濕原
P.50
阿寒 摩周·屈斜路 2大湖泊美景
P.64
網走
P.78
旅遊便利資訊
P.94

北海道數一數二的瞭望景點
擁有一望無際的壯闊全景

中島
周長12km、面積5.7km²，在淡水湖上的島嶼中是日本第一大

國道243號
一邊眺望絕景一邊享受兜風樂趣

俯瞰中島浮在鏡般湖面上的絕景

美幌峠 びほろとうげ

📞0152-67-5120（小清水町觀光協會） **MAP** 77 B-1
位在藻琴山山腰海拔725m處的展望休憩所，能一覽屈斜路湖。還有知床連山和鄂霍次克海約300度的絕景開展眼前。

🕐5～10月為9:00～17:00(5&9月為～16:00、10月為～15:00) 休期間中無休 所小清水町もこと山1 🚃JR川湯溫泉站車程25分 P40輛

小清水高地 725 はいらんどこしみずななにいご

從展望休憩所眺望300度的美景

➡木紋風格的時髦建築與自然景觀十分相襯

➡由於海拔高，因此能將屈斜路火山臼的形狀看得一清二楚

↑女満別空港

設施Check
●餐廳
●商店
●洗手間

屈斜路湖
周長57km、面積79.3km²，是日本最大的火口湖。周圍受群山環繞，有許多能俯瞰湖泊的瞭望景點。
MAP 77 B-2

中島

和琴半島

湖畔的露天浴池
露天浴池散布在湖畔各處，基本上是混浴，可免費使用。

パンケトー

阿寒湖

1371
雄阿寒岳

ベンケトー

←五色沼

Column
觀賞雲海的條件

在高氣壓籠罩、晴朗接近無風的日子裡，從黎明前到早上就能看見。照片是從美幌峠所見的雲海。

📞0152-77-6001（道の駅ぐるっとパノラマ美幌峠） **MAP** 77 B-2
位在屈斜路火山臼外輪山的山嶺，海拔約525m。從觀景台能將屈斜路湖到摩周岳、斜里岳盡收眼底，以令人震撼的大全景聞名，是北海道代表性的瞭望景點之一。

🕐自由參觀 所美幌町古梅 🚃JR美幌站車程30分 P120輛

設施Check
●餐廳
●商店
●洗手間

※此為休憩所的資訊

➡被原始林環繞的鈷藍色湖泊，配上廣闊無垠的天空，只有絕景可以形容

➡湖水的藍與四周整面山白竹的綠，十分漂亮

順路前往的景點

公路休息站 ぐるっとパノラマ美幌峠
◆みちのえきぐるっとばのらまびほろとうげ
📞0152-77-6001 **MAP** 77 B-2
這裡有能品嘗使用美幌町食材製作料理的餐廳、外帶區和雜貨店等。

🕐9:00～18:00(11～4月下旬為～17:00) 休12月26日～1月3日 P120輛

➡美幌和牛洋蔥咖哩1050円（海空のハル美幌峠·道の駅店）
➡酥酥脆脆的咖哩麵包1個290円（麵包店「小麦の奴隷」）

➡美幌峠炸馬鈴薯400円（海空のハル外帶區）

摩周·屈斜路雲海之旅
欣賞開展在屈斜路火山臼上的雲海之旅。若條件符合，還可看到與摩周湖雲海構成的雙重雲海，運氣再好一點，還有機會看見湧入摩周湖的夢幻瀑霧。期間：6～10月 費用：3500円（小學生1800円）
📞0167-23-5910（屈斜路プリンスホテルアウトドアデスク）

Column

屈斜路湖開展在腳下的廣角視野

宛如要將湖面覆蓋住的廣大雲海，朝陽將雲朵染成一片緋紅，景色美不勝收

津別峠觀景設施 つべつとうげてんぼうしせつ

➡外觀宛如中世紀歐洲的古城堡

📞0152-77-8388（津別町商工觀光組）
MAP 77 B-2
位在海拔947m處，眼下是遼闊的屈斜路湖。可遠眺至鄂霍次克海、知床連山及大雪山，雄阿寒岳與雌阿寒岳近在眼前。早晨的雲海與日出獲評為絕景。

🕐6～10月的9:00～19:00(洗手間24小時皆可使用) 休期間中無休 所津別町上里 🚃JR美幌站車程1小時15分 P37輛

設施Check
●洗手間

多處湧泉使
河水如此清澈美麗

如此清澈見底是因為隨
時都有純淨的泉水湧出
的緣故。

屈斜路 最受歡迎的
釧路川
感動體驗

從屈斜路湖沿釧路川而下

划獨木舟來到
鏡廳

划了1km來到幾乎靜
止的水域，可以把槳
收上來，靜靜欣賞眼
前的美景。

抵達
鏡廳！

兩岸都是原生林，
划船的同時也在享
受森林浴。

坐上獨木舟，視野
馬上變得開闊，屈
斜路湖的美景近在
眼前。

波光粼粼的「鏡廳」，美得不可
思議的「鏡廳」

釧路川的源頭是屈斜路湖，
然後一路穿過釧路濕原匯入
太平洋。水源清澈見底，四
周都是茂密的原生林。離這
裡不遠處就是「鏡廳」。因
為水面如鏡，能反射光線並
映照出森林的倒影而得其
名。這裡沒有陸路可到，若
想觀賞只能從水路，例如划
獨木舟。

所需時間
約**1**小時

雨天照常出航，業
者會提供雨衣

體驗重點

體 力 ★★★	划獨木舟竟然 不太耗力氣
難易度 ★★★	3歲～老年人 都可以
服 裝	穿長袖長褲及帽子，以 防曬、防蚊蟲

運氣好的話，可以
看到蒼鷺、翠鳥、
蝦夷花栗鼠等野生
動物。

START

先聽專屬導遊大致
介紹流程及注意事
項後才出發。

夏季釧路川源流之旅
（短期課程約1小時，需預約）

【期間】4月中旬～11月上旬

【時間】6:30・8:45・10:30・13:00・14:45

【費用】5500円～／1名 ※費用視使用人數
而異

【集合】アトレーユ事務所（15分前集合）

GOAL

抵達終點後，歸還
槳及救生衣就可以
解散。

↑川湯温泉

弟子屈町屈斜路
Kotan
愛努民俗資料館

屈斜路湖

START

眺湖橋附近常有人在
釣虹鱒、遠東紅點鮭

眺湖橋

52

釧路川

連續急轉彎多。有些
地方樹枝甚至伸到
河中央

水位隨季節變化，而
且上游水位比較低

鏡廳

河道寬敞，緩緩
流動，清澈見底

243

美登里橋

集合 GOAL
Atreyu

←美幌峠

摩周駅→

Atreyu

可以在
這裡體驗

●あとれーゆ ☎015-484-2455
MAP 77 C-3

🕕6:30～18:00

休不定休 所弟子
屈町屈斜路原野
475-56 🚉JR摩周
站車程15分
P10輛

↑位於北海道風情十足的車站裡

北海道的食材
甘甜香濃

川湯溫泉
ORCHARD GLASS COFFEE SHOP ●おーちゃーどぐらす

☎015-483-3787　MAP 77 C-2

川湯溫泉車站建於昭和11（1936）年，喫茶餐廳就在裡面。提供使用近郊食材的洋食，如燉牛肉、漢堡排等懷舊餐點。

🕐10:00～16:00　休週二（逢假日則營業），有不定休　所弟子屈町川湯駅前1-1　🚃JR川湯溫泉站內　🅿20輛

店裡長這樣
老舊車站翻修後，搖身一變成為美式鄉村風小館

燉牛肉
1800円
花上整天燉煮入味，香濃好吃。

開車開累了休息一下…
摩周・屈斜路 區域的

餐廳 咖啡廳 &

↷用當地產的草莓做的蛋糕，季節限定

川湯溫泉站前很有設計感的咖啡廳

蛋糕 300円～
飲料 400円～
用招牌蛋糕搭配咖啡等飲料，好好享用下午茶時光吧。
※照片僅供參考

川湯溫泉
森のホール／Suite de baraques cafe
●もりのほーるすうぃーとどうばらっくかふぇ

☎015-483-2906　MAP 77 C-2

建於昭和初期的老房子改建成的咖啡廳，擁有甜點販售區與寬敞的咖啡空間，用北海道食材製成的精緻蛋糕，每一個都很大份。

🕐10:00～16:30（午餐為11:00～15:00）　休不定休
所弟子屈町川湯駅前2-1-2 森のホール內　🚃JR川湯溫泉站即到　🅿5輛

↷用水果及核桃做成的烘焙點心（1個200円～）

店裡長這樣
店內很有設計感。店員很有活力，也帶動店裡的氣氛

弟子屈
COVO
●こーうぉ

☎015-482-8557　MAP 77 C-3

以老闆獨創的技術搭配大量鄰近地區的食材，化身為各種道地義大利美食。特別推薦用當地食材做的當季款義大利麵及披薩。

🕐11:00～14:00、18:00～21:00（晚間需預約）　休週三、四（會有臨時休）
所弟子屈町札友內89　🚃JR摩周站車程15分　🅿7輛

匠の豚 サチク麦王的番茄培根義大利麵
1250円
斜里町品牌豬五花肉經過鹽漬後，與店家自製的番茄醬非常相搭。

↑店面很氣派，沒想到是手工打造的木屋

在釧路川畔品嘗暖心的義大利菜

店裡長這樣
寬敞的店裡有如義大利小酒館，推薦擁有釧路川景的桌椅座位

在擁有美麗湖泊的摩周、屈斜路區域，有不少把老舊車站或老房子改建而成的餐廳，或是隱身於大自然裡的時尚咖啡廳，在舒適的空間裡悠哉消磨時光吧。

川湯溫泉周邊 ●いおうざん MAP 77 C-2

景點 硫磺山

☎015-482-2200 (摩周湖觀光協會)

溫泉地特有的味道與豪邁的聲音

白煙冉冉的硫磺山是座活火山，明治初期曾在此開採硫磺。停車場旁的「硫磺山休息小屋」提供遊客休息空間。

🕐自由參觀(休息小屋為8:30～17:30、營業時間可能會改變) 🅿弟子屈町川湯 🚃JR川湯溫泉站步行25分 🅿150輛

活火山的硫磺味與白煙瀰漫於空氣中

弟子屈 ●わたなべたいけんぼくじょう MAP 77 C-3

玩樂 渡邊體驗牧場

☎015-482-5184

體驗擠牛乳體驗、拖引車草原觀光等行程(約40分、2500円)最受歡迎。🕐4月下旬～10月的9:30～15:30(冬季僅接受團體報名) 🈺期間中無休 🅿弟子屈町弟子原野646-4 🚃JR摩周站車程5分 🅿30輛

弟子屈 ●つつじがはらしぜんたんしょうろ MAP 77 C-2

景點 杜鵑之原自然探勝路

☎015-483-2670 (川湯溫泉觀光案內所)

從川湯溫泉往硫磺山麓方向長約2.5km的步道，沿路有蝦夷磯躑躅及偃松等高山植物的群落，相當寶貴的一段路，每年6月上旬～7月上旬有導覽團可以參加。

🕐自由散步 🅿弟子屈町川湯溫泉 🚃JR川湯溫泉站步行25分 🅿60輛

↑鄰近連結阿寒湖與摩周湖的國道241、243、391號的交會點

摩周・屈斜路的觀光據點
休息片刻或買伴手禮都很方便

公路休息站 摩周溫泉

みちのえきましゅうおんせん MAP 77 C-4

☎015-482-2500

直 賣店展示許多當地的加工商品，還有外帶區提供「蝦夷鹿肉漢堡」等在地食材做的漢堡，不論是找伴手禮還是吃特色美食都很適合。觀光交流館裡設有旅遊櫃檯，可以代為預約或申請弟子屈町或近郊的獨木舟、騎馬等體驗活動。腹地內還有24小時開放的免費足湯，讓開車或觀光的疲勞一掃而空。

🕐8:00～18:00(11～4月為9:00～17:00) 🈺無休 🅿弟子屈町湯の島3-5-5 🚃JR摩周站車程5分 🅿78輛

←展售加工品的直賣店，「蝦夷鹿肉漢堡」的點餐櫃檯也在此

←左為人氣輕食「蝦夷鹿肉漢堡」550円，右為「炸摩周豬排漢堡」650円～

↑用當地蔬菜水果做的「くりーむ童話」義式冰淇淋(380円～)

↑「大鵬仙貝」(6片裝440円)。第48代橫綱大鵬幸喜相撲選手是弟子屈人

人氣伴手禮

↑摩周的蕎麥粉做的「摩周八割蕎麥麵」(1包410円)

↑渡邊體驗牧場以摩周草原牛的牛奶做的飲料「牛のおっぱいミルク」(各250円)

進一步認識！ and more

摩周屈斜路

●ましゅう・くっしゃろ

完整區域指南

MAP P.77

人氣公路休息站

↑腹地內設有涼亭風格的足湯，24小時開放，請自備毛巾

旅行 PICK UP

屈斜路湖畔的免費露天浴池

善用自然環境的地點魅力十足，池之湯、古丹溫泉附設更衣處，可以穿泳衣入池。砂湯適合拿來泡腳。

砂湯 ●すなゆ

動手挖沙沙灘就會有溫泉冒出來

☎015-482-2940 (弟子屈町役場 觀光商工課) MAP 77 B-2

設有完善的泡腳池，但只要挖掘沙灘到處都會湧出溫泉，因此所有人都可以自由親手打造足湯。10月下半月會有天鵝飛來。

🕐自由入浴 🅿弟子屈町屈斜路湖畔砂湯 🚃JR川湯溫泉站車程15分 🅿140輛

↑從6月中旬到9月中旬會開放整頓好的露營場地

古丹溫泉 ●こたんのゆ

湖景第一排的人氣露天浴池

☎015-482-2940 (弟子屈町役場 觀光商工課) MAP 77 B-2

與屈斜路湖僅簡單用岩石隔開，湖景第一排是魅力之處。附近還有分男女池的古丹溫泉共同浴場。

🕐自由入浴(有時會因清掃而無法入浴) 🅿弟子屈町屈斜路古丹 🚃JR川湯溫泉站車程22分 🅿10輛

↑冬天還能看到天鵝

池之湯 ●いけのゆ

像游泳池的巨大露天浴池

☎015-482-2940 (弟子屈町役場 觀光商工課) MAP 77 B-2

直徑達15m的露天浴池，又大又圓像個池塘。附近住宿設施不多，所以能靜靜地泡湯。水溫不高，建議夏天再來泡湯。最好在夕陽時分來欣賞太陽落在對面山頭的美景。

🕐7～9月自由入浴(有時會因清掃而無法入浴) 🅿弟子屈町屈斜路湖畔湯の湯 🚃JR川湯溫泉站車程20分 🅿10輛

↑浴池裡有長苔蘚，小心滑倒

✿補充知識 小單元! 「公路休息站 摩周溫泉」附近有家「辻谷商店&食堂(MAP 77 C-4)」是湯咖哩餐廳兼雜貨店，店裡賣的都是老闆親自旅遊世界各國收集來的用品、飾品配件、衣服等，非常有特色。食堂賣的湯咖哩則是用獨家調配的香辛料做的。營業時間及公休日請洽官方社群。

溫泉 COLUMN

小知識 篇

日本人愛不釋手的「溫泉」!
在此要介紹大家意想不到的溫泉基本小知識。

所謂的溫泉是!?

在日本名為「溫泉法」的法條有其規範定義。在溫泉法中將「從地下湧出來的溫水、礦泉水、水蒸氣以及其他氣體(以碳氫化合物為主來要成分的天然氣除外)」中「從地下湧出時的溫度達25度以上」,又或「含有所規範的規定含量以上物質」,便可視為溫泉。

結論
●只要擁有一定的溫度,即使泉水未含有特別物質也算是溫泉!
●就算是冰涼的湧泉,只要擁有一定含量的規定物質,便算是溫泉!

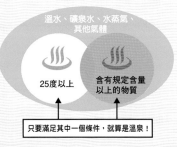

溫水、礦泉水、水蒸氣、其他氣體

25度以上 ・ 含有規定含量以上的物質

只要滿足其中一個條件,就算是溫泉!

溫度的不同,有何差異呢?

溫泉會依溫度分成4種類型。入浴時,根據浴池溫度不同,也會為身體帶來不一樣的影響,因此配合自己的泡湯目的來選擇泡湯的溫度吧。

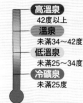

高溫泉 42度以上
溫泉 未滿34〜42度
低溫泉 未滿25〜34度
冷礦泉 未滿25度

溫度偏高的溫泉雖然會刺激交感神經、活化神經,但過熱的話有可能帶給肌膚強烈刺激。
溫度偏低的溫泉則會促進副交感神經作用,可讓心情平靜下來。

※源泉透過加溫、加水來調整溫度的情況則不在此限。

美肌溫泉有什麼不一樣呢?

講白了就是泉質上的不同。「碳酸氫鹽泉」、「硫磺泉」、「硫酸鹽泉」、「鹼性單純溫泉」被稱為四大美人泉。單純溫泉之中,氫離子濃度「pH值」8.5以上的鹼性溫泉,可以去除老廢角質,促進新陳代謝。

不同pH值帶給肌膚的效果

酸性 中性 鹼性
強 弱 弱 弱 強
pH值
2 3 6 7.5 8.5 10 12〜
殺菌效果 ← → 清潔效果

※強鹼性對敏弱肌膚有可能會造成較強烈的刺激,因此建議有此膚況的人要選擇弱鹼性的溫泉。

屈斜路 ●くっしゃろこつるがおーべるじゅぞら MAP 77 B-2

美食

屈斜路湖 鶴雅休閒渡假飯店 SoRa

☎ 015-484-2538

享受美食時間的飯店

位於屈斜路湖旁的小木屋造型飯店。可以透過窗戶眺望著花園,享受風味天然的法式料理。
⏰預計2024年5月上旬〜營業(午晚餐皆於2日前的15時前預約) 休週一 所弟子屈町屈斜路269 🚃JR摩周站車程20分 🅿20輛

↑午間為4400円〜、晚餐為11000円〜 ※費用有可能變動
↑散發著木頭香氣、高挑寬敞的木屋空間

弟子屈 ●しょくどうときっさぽっぽてい MAP 77 C-4

美食

食堂と喫茶poppotei

☎ 015-482-2412

在本店可吃到摩周豬肉丼。豬肉用烤網去除多餘的油脂,再大量淋上醬油為基底的醬汁,兩者充分交織。
⏰10:00〜18:30 休不定休 所弟子屈町朝日1-7-18 🚃JR摩周站即到 🅿7輛

屈斜路 ●くっしゃろこものがたりまるきぶね MAP 77 B-2

美食

屈斜路湖物語 丸木舟

☎ 015-484-2644

使用行者大蒜、珠星三塊魚等當地食材,盡情享用愛努飲食文化。推薦愛努創意料理全餐(需預約)。
⏰11:00〜19:00 休不定休 所弟子屈町屈斜路コタン 🚃JR摩周站車程20分 🅿15輛

屈斜路 ●てしかがちょうくっしゃろこたんあいぬみんぞくしりょうかん MAP 77 B-2

景點

弟子屈町屈斜路Kotan愛努民族資料館

☎ 015-484-2128

位於屈斜路湖南岸kotan(愛努人的村落)裡的設施,簡單易懂地介紹愛努人的歷史及生活。
⏰4月10日〜11月30日的9:00〜17:00 休期間中無休 ¥420円 所弟子屈町屈斜路市街1条通14 🚃JR摩周站車程20分 🅿10輛

標茶 ●ぐりーんひるたわ MAP 附錄F-5

美食

グリーンヒル多和

☎ 015-486-2806

位於多和平(本頁下方)的餐廳,可以品嘗到使用標茶食材烹調的菜餚。⏰4〜11月的9:00〜19:00(根據天氣狀況可能會提早關閉) 休期間中無休 所標茶町多和平 🚃JR標茶站車程25分 🅿300輛

弟子屈 ●てしかがらーめんそうほんてん MAP 77 C-3

美食

弟子屈ラーメン総本店

☎ 015-482-5511

摩周湖豐富的大自然生態孕育出的地產地消拉麵,特製醬油提味的「海鮮精華醬油拉麵」(880円)很受歡迎。
⏰11:00〜20:00 休無休 所弟子屈町摩周1-1-18 🚃JR摩周站車程3分 🅿30輛

弟子屈 ●ましゅうこのあいす MAP 77 C-3

購物

摩周湖のあいす

☎ 015-482-6500

販售使用當地食材做成的義式冰淇淋,人氣口味是「摩周藍」(單球350円)。
⏰10:00〜17:00 休週四(GW、盂蘭盆節期間無休) 所弟子屈町摩周2-8-6 🚃JR摩周站車程5分 🅿20輛

多和平 環視地平線的廣大牧場

●たわだいら
☎015-486-2806(グリーンヒル多和)
MAP 附錄F-5

與Naitai牧場並列為日本最具代表性的大型牧場,附近還有多和育成牧場廣達1600公頃的牧草地。設有觀景台,並與提供標茶食材餐點的「グリーンヒル多和」(本頁上方)餐廳兼商店相鄰。
⏰自由參觀 所標茶町多和 🚃JR標茶站車程30分 🅿81輛

↑在遼闊的牧場能環視360度的地平線

900草原 足足有374個甲子園球場大

●きゅうまるまるそうげん
☎015-482-5009(900草原休憩所)
MAP 77 C-3

廣達1440公頃的土地上放養著約1000頭乳牛,提供展望館、休憩所、公園高爾夫球場、散步步道等休閒設施,遠方還能看到阿寒及知床的秀麗山峰。
⏰5〜10月自由參觀(休憩所為11〜4月關閉) 所弟子屈町鐺別 🚃JR摩周站車程15分 🅿110輛

↑展望館眺望出去的農村景致

旅行 PICK UP

環視牧場的展望景點

道東觀光的魅力就在於一望無際的壯闊景象,不妨一邊眺望綠草如茵的牧場風景,來支霜淇淋吧。

補充知識 小單元! JR川湯溫泉站附近的「PANAPANA(MAP 77 C-2)」販售生活雜貨與手工麵包,很有設計感的餐具器皿及文具,光是欣賞也令人愉快。麵包費心使用天然酵母製作。

岩石浴池能感受
溫泉氣氛

享受100%溫泉水

川湯溫泉
●かわゆおんせん

川湯溫泉街主打「100%源泉放流溫泉」，住宿設施就不用說了，還可以高品質溫泉享受不住宿溫泉跟足湯。

釧路站出發的交通方式

巴士＋鐵路＋車
搭JR釧網本線至川湯溫泉站約1小時40分，轉乘阿寒巴士10分，大鵬相撲記念館前（川湯溫泉街）下車

車
自釧路中心區域經道道53號·國道274號·國道391號86km

觀光資訊 川湯溫泉觀光服務處
☎015-483-2670
MAP P.76·77

釧路車程約1小時40分

→川湯溫泉原創毛巾（200円），「川湯ふるさと館」有售

熱檸檬溫泉

川湯溫泉以優質溫泉著稱，其中又以水質呈強酸性而著名的是「欣喜湯」，據說這裡的泉水比檸檬還酸。

川湯溫泉街的足湯
●かわゆおんせんがいのあしゆ
☎015-483-2670（川湯溫泉觀光服務處）　**MAP** 76

也受當地人喜愛的足湯

川湯溫泉的川湯園地裡100%源泉的溫泉，設有屋頂，雨天也照樣可以泡，不必擔心天氣。
🕐24小時
📍弟子屈町川湯溫泉 川湯園地內
🚌JR川湯溫泉站搭阿寒巴士往大鵬相撲記念館前（川湯溫泉街）10分，郵便局前下車即到 🅿無

川湯溫泉街的 不住宿溫泉

お宿 欣喜湯
◆おやどきんゆ
☎015-483-2211 **MAP** 76

大浴場有兩層樓，天花板挑高開放感十足，三個浴池分別設定在不同水溫。
🕐13:00～21:00
休有特別公休
¥入浴費1000円
📍弟子屈町川湯溫泉1-5-10
🚌郵便局前巴士站即到
🅿50輛

→在大浴場可以選擇最適合自己的水溫

KKR Kawayu
◆けーけーあーるかわゆ
☎015-483-2643 **MAP** 76

泉質為酸性硫化氫泉與酸性硫磺泉。有雙床的西式房與寬敞的和式房間。
🕐13:00～20:00 休無休 📍弟子屈町川湯溫泉1-2-15
🚌大鵬相撲記念館前（川湯溫泉街）巴士站步行5分 🅿30輛

→很有氣氛的露天浴池

川湯觀光飯店
◆かわゆかんこうほてる
☎015-483-2121 **MAP** 76

3種溫度的浴缸與露天浴池還設有三溫暖。飯店自豪的溫泉為證實帶殺菌效果的強酸硫磺泉。
🕐13:00～20:00 休無休 ¥800円 📍弟子屈町川湯溫泉1-2-30
🚌大鵬相撲記念館前（川湯溫泉街）巴士站步行3分 🅿60輛

→大幅使用落葉松的露天浴池

大鵬相撲紀念館
●たいほうすもうきねんかん
☎015-483-2924 **MAP** 76

稱頌舉世無雙知名橫綱的輝煌戰績

→成立日本第一座相撲紀念博物館

第48代橫綱「大鵬幸喜」是川湯溫泉人，該館展示其優勝匾額、腰布，以及魄力十足的精彩畫面回顧影片，可瞭解其人的偉業，是相撲迷必看的景點。
🕐9:00～17:00（有季節性變動） 休無休 ¥420円
📍弟子屈町川湯溫泉2-1-20 🚌大鵬相撲記念館前（川湯溫泉街）巴士站即到 🅿50輛

→田園定食1300～1500円

すずめ食堂＆バル
●すずめしょくどうあんどばる
☎015-486-7380 **MAP** 76

以大量蔬菜入菜對身體有益

在這裡能品嘗到以蔬菜為主角對身體有益的多國籍料理，並且可以享受到講求手工製作和季節美味這2點也很令人開心。店內裝潢氛圍復古。
🕐11:30～14:30、18:00～21:00 休週三、四 📍弟子屈町川湯溫泉3-1-1 🚌巴士站郵便局前即到 🅿5輛

→磁磚可愛的吧檯座

いなか家源平
●いなかやげんぺい
☎015-483-3338 **MAP** 76

能品味道東食材的居酒屋

位在溫泉街上的古民宅居酒屋。點份「源可樂餅」能嚐到川湯產的美味馬鈴薯，當地的雞尾酒——「摩周高球雞尾酒」也很受歡迎。
🕐18:00～22:00 休週二 📍弟子屈町川湯溫泉1-5-30 🚌郵便局前巴士站即到 🅿6輛

→摩周高球雞尾酒（550円）

→源可樂餅（660円）

川湯溫泉
周邊圖▶P.77

硫磺山、Kinmuto→　　→川湯溫泉站

弟子屈町

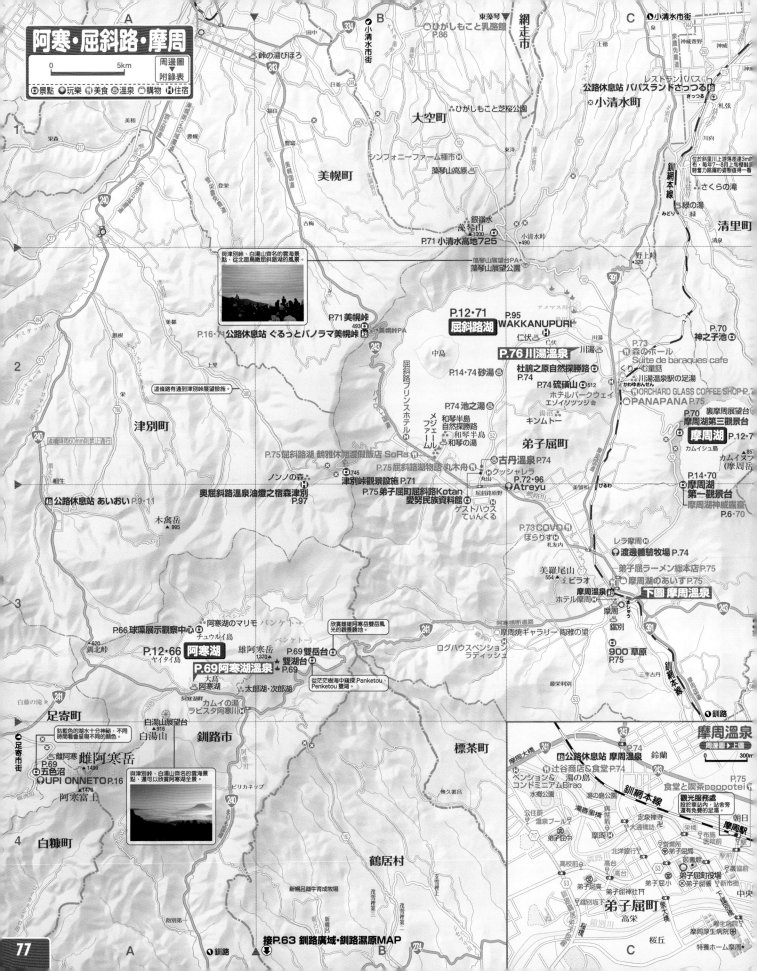

周邊圖 附錄表

0　　　5km

● 景點　❷ 玩樂　❸ 美食　♨ 溫泉　❷ 購物　❸ 住宿

A　**B**　**C**

334

東藻琴▼

● ひがしもこと乳酪館 P.86

網走市

● 小清水市街

小清水市街

峠の湯びほろ

243

● 小清水町

レストランパパス

公路休息站 パパスランドさっつる

日進

249

● ひがしもこと芝桜公園

大空町

位於斜里川上游落差達3m的瀑布，每年7~8月上旬鮭魚逆流時奮力跳躍的姿態值得一看

● さくらの滝

釧網本線

緑の湯

清里町

美幌町

シンフォニーファーム種市

藻琴山高原

銀嶺水

● 藻琴山 △1000

P.71 小清水高地725

藻琴山展望台PA 藻琴山展望公園

P.12·71

屈斜路湖 WAKKANUPRI P.95

美幌峠

493

P.16·74 公路休息站 ぐるっとパノラマ美幌峠

美幌峠PA

243

仁伏

P.76 川湯温泉

川湯

森のホール

Suite de baraques cafe

くりーむ童話

川湯温泉駅の足湯 かわゆおんせん

P.73 神之子池 P.70

這條路有通到津別峠展望設施。

屈斜路プリンスホテル

中島

杜鵑之原自然探勝路 P.74

P.14·74 砂湯

P.74 硫磺山 △512

ORCHARD GLASS COFFEE SHOP P.7

PANAPANA P.75

津別町

凍結降雨60mm開業禁止通行

パイロ 林道

P.74 池之湯

ホテルパークウェイ エゾイソツツジ

P.70

摩周湖第三觀景台

摩周湖 P.12·7

弟子屈町

キントー

湯沼

カムイシュ島

カムイヌプ（摩周岳）△857

相生

ノンノの森

△745

津別峠觀景設施 P.71

奧屈斜路溫泉油燈之宿森津別 P.97

P.75 屈斜路湖 鶴雅休閑渡假飯店 SoRa

メジェームファーム

和琴半島自然探勝路 和琴半島 ● 和琴の湯

52

グッシャレラ

弟子屈町屈斜路Kotan 愛努民族資料館

古丹温泉 P.74

P.72·96 Atreyu

釧路川

P.75 弟子屈町屈斜路Kotan 愛努民族資料館

ゲストハウスてぃんくる

P.14·70

摩周湖 第一觀景台

摩周湖神威露營

P.6·70

公路休息站 あいおい P.9·11

木禽岳 △995

釧北峠 △620

P.73 COVO

ぼらりす

札友内

レラ摩周

● 渡邊體驗牧場 P.74

弟子屈ラーメン総本店 P.75

美羅尾山 △554

ビラオ

摩周温泉駅前

摩周湖のあいす P.75

下圖 摩周温泉

P.66 球藻展示觀察中心

阿寒湖のマリモ パンケトー

チュウルイ島

P.12·66 阿寒湖

マイタイ島

雄阿寒岳 △1370

P.69 雙岳台 雙岳台 P.69

從花茷海中窺探Panketou、Penketou雙湖。

241

欣賞雄雌阿寒雙岳風光的觀景勝地。

阿寒横断道路

摩周焼ギャラリー 陶雅の里

ログハウスペンション ラディッシュ

ホテル摩周

鐺別

P.69 阿寒湖温泉

大島 阿寒湖町

カムイの湯 ラビスタ阿寒川

太郎湖·次郎湖

900 草原 P.75

釧網本線

● 釧路

足寄町

白藤の滝

241

白湯山展望台

白湯山 △916

釧路市

阿寒湖

240

ピリカネップ

標茶町

摩周大橋

P.74

公路休息站 摩周温泉

鈴蘭

243

足寄市街

鈷藍色的湖水十分神秘，不同時間看會呈現不同的顏色。

P.69 五色沼

UPI ONNETO P.16

雌阿寒 雌阿寒岳 △1499

阿寒富士 △1476

與津別峠、白湯山齊名的雲海景點，還可欣賞阿寒湖全景。

奧久著呂

鶴居村

辻谷商店＆食堂 P.74

ペンション＆コンドミニアムBirao

湯の島

摩周温泉

周邊圖 下圖

0　　300m

食堂と喫茶poppotei P.75

P.75

釧網本線

觀光服務處 設於車站內，站舍旁邊有免費的足湯

摩周駅

朝日

243

白糠町

新幌呂雄牛育成牧場

弟子屈町

弟子屈町役場

高栄

桜丘

A　**A**　**B**　**C**

240

● 釧路

接P.63 釧路廣域·釧路濕原MAP

274

● 釧路

特養ホーム摩周

從此戶外歷史博物館認識北海道開墾的祕辛

網走監獄博物館
網走 →P.80

將明治時期的舊網走刑務所建築搬遷到現址並復原,用假人等展品逼真地還原當時刑務所內的生活,還能順便認識開拓北海道的相關知識。

超人氣

必看景點 BEST 3

盛開於短暫夏天的野花

小清水原生花園
網走國定公園 →P.85
小清水

鄂霍次克海與濤沸湖之間狹長的丘陵地帶,每年6~7月會開滿野生濱梨玫瑰、蝦夷萱草、蝦夷透百合等花朵,湖畔則是悠閒的放牧風光。5~10月JR釧網本線會開設原生花園臨時站。

在可愛的復古建築物裡認識薄荷的歷史並體驗蒸餾技術

北見 →P.88

北見薄荷紀念館‧薄荷蒸餾館
薄荷是北見市的特產,這裡展示介紹薄荷歷史的資料、蒸餾機器,隔壁的蒸餾館則有現場示範蒸餾區(4月下旬~10月)及薄荷產品販賣部。

鄂霍次克海的美味海鮮與流冰觀光之城

網走
あばしり

一目了然 導覽

出發之前先掌握好區域概要!

快速認識網走

能一望鄂霍次克海的港都,是鄂霍次克觀光的重要據點,「網走監獄博物館」等觀光設施多且集中在中心點南側的天都山。千萬不能錯過鄂霍次克海的美味海鮮。

鄂霍次克藍有多種好看的周邊商品

流冰周邊商品
→P.86
網走

流冰是鄂霍次克海冬天的代表風景,網走有許多以流冰為主題的原創商品,夏天雖然看不到,但可以買點流冰意象伴手禮帶回家。

推薦海邊現煮的螃蟹保留美味的精華

螃蟹
網走‧紋別 →P.82‧83‧92

可在鄂霍次克海捕到的螃蟹有毛蟹、鱈場蟹、松葉蟹等,將剛捕撈上岸的活蟹馬上煮熟是最美味的吃法。在紋別市裡的餐廳可以吃到以此種手法做成的天婦羅或壽司。

必吃!

名產美食 BEST 3

個頭大卻肉質緊實、味道鮮美
佐呂間湖

扇貝
→P.87

佐呂間湖得天獨厚的自然環境,孕育出大顆的扇貝,特別的是一年四季都能吃到。在「公路休息站 サロマ湖」等地有賣炭烤扇貝,價格相當實惠。

延繩法捕到的高級魚

石狗公
→P.82 網走

正式名稱為「喜知次」,北海道叫「kinki」,在網走則叫「menme」。網走這裡是用延繩法(至捕撈地點拋下帶有魚鉤的長繩),所以魚身完整又新鮮,在市裡的餐廳可以吃到日式紅燒、壽司等做法。

知床
P.20
釧路 釧路濕原
P.50
阿寒 摩周‧屈斜路
P.64
網走 一目了然導覽
P.78
旅遊便利資訊
P.94

區域MAP

流冰破冰船Garinko號Ⅲ IMERU
オホーツク紋別
鄂霍次克紋別機場
コムケ原生花園
コムケ湖
紋別

網走 →P.80
説到網走就會想到監獄及流冰,在去知床前非常推薦先去「網走監獄博物館」及「鄂霍次克流冰館」參觀。午餐推薦吃石狗公及海鮮丼等鄂霍次克海的美味海鮮。

佐呂間湖 →P.87
觀光的重點在湖的東邊,也就是北見市常呂町的榮浦區域,可以賞花的Wakka原生花園、大型飯店、招牌是美味餐點的民宿、海鮮直營店等都集中在這一區。

紋別 →P.92
北海道冬天的代表性觀光區域,紋別海洋公園裡有鄂霍次克塔、流冰科學中心、海豹中心等觀光設施,夏天也很好玩。記得吃當地名產松葉蟹及魚板。

かみゆうべつ温泉
チューリップの湯

愛ランド湧別
佐呂間湖
網走国定公園
Wakka原生花園

北見 →P.88
從鄂霍次克海向內陸延伸的狹長型行政區,二戰前是世界級的薄荷產地,現在也有生產相關產品。北之大地水族館把瀑布潭搬到水槽裡展示,很受歡迎。

サロマ湖
博物館 網走監獄
流冰街道網走
流冰觀光破冰船極光號
網走観光案内所
小清水原生花園
はなやか小清水
斜里
うとろ‧シリエトク
鄂霍次克海

必去景點
區域名
※當地人叫習慣的地名。

♨温泉 公路休息站
ℹ詢問處

メルヘンの丘
めまんべつ
女滿別機場
北見
北見駅
北見中央
北見観光案内所
ノンキーランド
ひがしもこと
小清水
パパスランドさっつる
北之大地水族館
北見薄荷紀念館‧薄荷蒸溜館

搭巴士建議買網走Free Pass
女滿別機場線及市內觀光設施周遊線等網走巴士主要路線都可以搭,還附優惠券,2日券2000円,3日券3000円,在女滿別機場觀光服務處、網走巴士總站等地有售。
網走巴士 ☎0152-43-4101

租自行車中心區域觀光
「公路休息站 流冰街道網走」在5~10月提供自行車租借服務,普通自行車租3小時內500円,電動自行車3小時內500円,公路車各為1000円。
網走市觀光協會 ☎0152-44-5849

網走的市內觀光 設施周遊巴士
巴士連結網走中心區域及網走監獄、鄂霍次克流冰館等觀光設施所在的天都山,行駛時刻表請事前確認。購買一日乘車券(1800円)即可在1日內無限次搭乘「網走觀光設施巡遊巴士」及「dokobus」。
網走巴士 ☎0152-43-4101

網走 一目了然導覽

公路休息站 流冰碎冰船搭乘處 (僅冬季)
網走巴士總站
網走站
刑務所前
天都山入口
博物館網走監獄
鄂霍次克流冰館
北方民族博物館
花‧天都會館 (僅7月19日~10月14日(預計))

夏季從網走巴士總站出發,1月會延長路線,到流冰破冰船極光號乘船處所在的「公路休息站 流冰街道網走」。

網走的特色美食

Gelateria Rimo 的義式冰淇淋

在義式冰淇淋發源地義大利的世界大會上,兩度獲得優勝的高田聰主廚開設了「Gelateria Rimo」這間店。提供凸顯食材風味的開心果等,濃郁又順口的義式冰淇淋堪稱絕品,在當地也廣受好評。

🕙10:00~17:15(冬季為~16:00,商品售完打烊)
不定休(冬季為週三休)
洽詢處☎0152-48-3053
MAP 附錄 E-3

鄂霍次克海的海鮮伴手禮 →P.84‧87‧92

網走‧佐呂間湖‧紋別

海鮮加工食品

網走能捕撈到鄂霍次克海的品牌海鮮,佐呂間則是以養殖扇貝聞名,紋別盛產可以加工成為魚板的黃線狹鱈。新鮮海鮮做成的加工食品好評不斷。

交通概覽

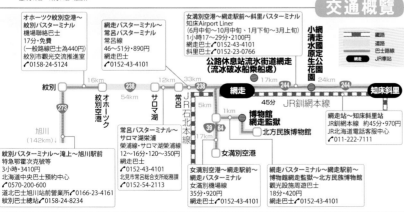

鐵路
道路
巴士路線
JR車站

オホーツク紋別空港～紋別バスターミナル
機場聯絡巴士
17分‧免費
(一般路線巴士為440円)
紋別市觀光交流推進室
☎0158-24-5124

網走バスターミナル～常呂バスターミナル
常呂線
46~51分‧890円
網走巴士 ☎0152-43-4101

女滿別空港～網走駅前～斜里バスターミナル
知床Airport Liner
(6月中旬~10月中旬、1月下旬~3月上旬)
1小時17~29分‧2100円
網走巴士 ☎0152-43-4101
斜里巴士 ☎0152-23-0766

小網清走原生国花定園公園

公路休息站流冰街道網走
(流冰破冰船乘船處)

紋別バスターミナル～滝上～旭川駅前
特急鄂霍次克號等
3小時‧3410円
北海道中央巴士預約中心
☎0570-200-600
道北巴士旭川站前營業所☎0166-23-4161
紋別巴士總站☎0158-24-8234

常呂バスターミナル～サロマ湖栄浦
榮浦線‧サロマ湖栄浦線
12~16分‧120~350円
網走巴士 ☎0152-43-4101
北見市常呂総合支所総務課☎0152-54-2113

女滿別空港～網走駅前～網走バスターミナル
女滿別機場線
35分‧920円
網走巴士 ☎0152-43-4101

網走バスターミナル～網走駅前～博物館網走監獄～北方民族博物館
觀光設施周遊巴士
18分‧420円
網走巴士 ☎0152-43-4101

網走駅～知床斜里駅
JR釧網本線 約45分‧970円
JR北海道電話客服中心
☎011-222-7111

必買伴手禮 BEST 3

北海道數一數二的酪農地帶
產出大量新鮮牛奶

起司 大空 →P.86

大空町位於網走中心區域往內陸的方向,名產是東藻琴地區生產的「東藻琴起司」,在設有參觀設施及體驗交流室的「ひがしもこと乳酪館(P.86)」製造及販售。

定期觀光巴士&計程車方案 請見 →P.102!

觀光洽詢處 網走市觀光協會☎0152-44-5849、佐呂間町觀光物產協會☎01587-2-1200、紋別觀光服務處☎0158-24-3900

※2023年3月時資訊,有可能變動

眺望鄂霍次克海的港都

網走

●あばしり

主要觀光景點有天都山的「網走監獄博物館」、夏天也能看流冰的「鄂霍次克流冰館」。別忘了嘗嘗港都特有新鮮海鮮做的壽司或其他海鮮料理。

女滿別機場出發的交通方式

🚌 **巴士** 搭網走巴士女滿別機場線至網走駅前25分

🚗 **車** 走道道64號、國道39號至網走中心地區22km

觀光資訊
網走市觀光協會
☎ 0152-44-5849
MAP P.84・85

位於天都山區域的 **兩大博物館** *Museum*

認識網走的歷史、文化與大自然

網走主要觀光景點集中在市區西南方的天都山，以下為您介紹位於山腰的「網走監獄博物館」及「鄂霍次克流冰館」精采看點！

●面積約17萬㎡

網走監獄博物館
●はくぶつかんあばしりかんごく
☎ 0152-45-2411　**MAP** 85 A

將實際使用過的建築群移建並復原成歷史博物館

舊網走刑務所自明治末期啟用，其建築物搬遷到現址，並還原實際使用樣貌。不只能瞭解當年刑務所的模樣，還可學習北海道開拓中與監獄相關的歷史，如130幾年前造成多人犧牲的網走～旭川間中央馬路開路工程現場與其時代背景。園區內2件8棟建築物於2016年成為日本國家重要文化財。

🕘 9:00～16:00(最後接待時間)　休無休(過年期間休息)　¥ 1500円　所網走市字呼人1-1　JR網走站搭觀光設施周遊巴士7分，博物館網走監獄下車即到　P 412輛

〔 國家重要文化財 〕
舍房及中央看守所
しゃぼうおよびちゅうおうみはりじょ

實際使用到昭和59（1984）年才退役的獄囚宿舍，中間設置看守所，可以監控呈放射狀的五棟舍房，據說是仿造比利時魯汶監獄而建。

⬆舍房中走廊的天花板引入自然光線 天花板上有試圖逃獄的囚犯人偶
⬆看守所可以監控五個方向

〔 國家重要文化財 〕
教誨堂
きょうかいどう

僧人、牧師在此對囚犯進行宗教與精神上的開示，引領他們走上更生之路。建築設計融合日式及西方的設計與手法，因此指定為國家重要文化財。

➡用來進行教誨的講堂，外型形似寺院

監獄歷史館
かんごくれきしかん

必看體感劇場「赤色囚徒之森」，內容是133年前網走～旭川間的中央馬路開路工程濃縮成7分鐘的影片。正確重現現在網走刑務所部分收容設施的區域，很受遊客歡迎。

⬆許多人會拍網走監獄入獄照片（300円）留作紀念

還有這種體驗！

⬆臨場感十足的影片撼動人心的體感劇場
⬆此區域如實重現了目前網走刑務所收容設施的部分模樣

網走的觀光景點多集中在天都山！

天都山是日本國家名勝，有博物館、花園等觀光設施散布各處，山區一帶已成為網走市的主要觀光勝地，也有很多可悠閒放鬆的咖啡廳及餐廳。

⬆春天時也是知名的賞櫻好去處

↑看得到網走市區、鄂霍次克海，以及遠方的知床連山

鄂霍次克流冰館

●おほーつくりゅうひょうかん

➡建築物含地下一樓到地上二樓

☎0152-43-5951 **MAP** 85 A

夏天也能體驗流冰！
必看鄂霍次克海的生物

主打「風景美術館」概念，讓遊客可以同時欣賞美景與流冰。地下一樓是鄂霍次克的流冰與自然環境體驗區，一樓是商店，二樓是咖啡廳及餐廳，頂樓是展望台。一、二樓的設施為免費入場。

⏰8:30～17:30（11～4月為9:00～16:00）休無休 ¥990円 所網走市天都山244-3 ➡JR網走站搭觀光設施周遊巴士12分，オホーツク流冰館下車即到 P150輛

免費區域
觀景台
てんぼうてらす

視野開闊的觀景台，可以看到鄂霍次克海、網走湖、能取湖、濤沸湖以及遠方的知床連山，不同方向的景色各有其趣，冬天還能看到流冰接岸的景象。

↑網走湖方向的景色，右後方是能取湖

付費區域
流冰海中實況
りゅうひょうかいちゅうらいぶ

館員會用平板操作，帶領大家進入流冰之海。使用360度相機拍攝的影像，讓人宛如實際潛入海中一般，能夠體驗虛擬流冰之旅。來這裡盡情地享玩夢幻的流冰世界吧。

還有這種區域！

➡「裸海蝶」的翼足看起來就像翅膀

↑崁在流冰海中實況牆面上的水槽裡飼養著流冰天使等，流冰下的生物優游其中

在館內 要買的東西

🛍 **cafe de clione**
かふぇどくりおね

1樓的外帶區。主打商品是以流冰為形象推出的「流冰霜淇淋」，鹽味焦糖口味加上鄂霍次克海的藍色海鹽作為配料，天然海鹽凸顯出香甜滋味，讓霜淇淋變得更加美味，是這裡才吃得到的人氣商品。

➡流冰霜淇淋400円

🛍 **Ryu-hyo Museum shop**
りゅうひょうみゅーじあむしょっぷ

以流冰、流冰天使及其他北國生物為主題的商品五花八門。

↓「流冰王國流冰天使軟糖」（324円）

↑「流冰糖」（270円）

↑冬天從鄂霍次克海搬運真正的流冰過來常設展示

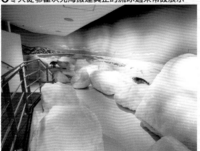

↑能積極體驗流冰的人氣設施。在零下15度的流冰體感室

付費區域
流冰體感室
りゅうひょうたいかんてらす

能積極體驗流冰的人氣設施。在零下15度的流冰體感室，每年會從鄂霍次克海採取替換120t真正的流冰，能實際接觸極度寒冷的環境。

還有這種體驗！

➡揮動濕毛巾就會變得堅硬！實際體驗館內有多冷的「Shibare體驗」

國家重要文化財
二見岡農場
ふたみがおかのうじょう

明治29（1896）年設置的農園先導設施，為了讓擁有日本最大面積的網走監獄實現自給自足，讓收容人耕田、製作味噌及醬油等加工食品。

↑「二見岡監獄分所」，西式建築

↓在這裡制定安全管理等計畫

國家重要文化財
廳舍 ちょうしゃ

瓦葺懸山頂式建築，設有典獄長（刑務所長）室等刑務所主要機關，展示區有看板及影片供遊客認識監獄的歷史。

↑閱覽室可以查閱相關資料

在園區裡 用餐＆購物

🍴 **監獄食堂**
かんごくしょくどう

位於園區裡面的食堂，仿造現在的網走刑務所的收容人餐，推出「體驗監獄餐」，含麥飯、烤秋刀魚或花魚、小菜、配菜及味噌湯。

⏰11:00～14:30 休需洽詢

↑熱門的「監獄餐」（秋刀魚）

🛍 **博物館商店**

位於廳舍裡的販賣部，售有網走監獄原創日式圍裙、小物、零食等網走刑務所生產的商品。園區出口附近另有伴手禮店。

➡脫獄王豆仙貝黃金神威©（野田サトル·集英社）

↑網走監獄原創日式圍裙（函館少年刑務所出品）

可以盡情享用鄂霍次克海珍味做成的生魚片和天婦羅

本日5種綜合生魚片

從當日新鮮的食材中嚴選出最棒的。

1980円

季節の旨いものと酒sawa

網走

●きせつのうまいものとさけさわ

☎0152-43-2645 MAP 84

在網走能嚐到四季當旬料理的餐廳。使用鄂霍次克海珍味所製作的生魚片和天婦羅，是店家的招牌料理。這裡也有豐富的日、西式餐點，散發不同世代都能輕鬆順道而來的氛圍。酒類除了日本酒之外，也有豐富的葡萄酒、威士忌和沙瓦。

🕐17:30～23:30(週五、六～24:00) 休週日、第1週一 所網走市南3東1 🚃JR網走站步行15分 🅿無

↑店內氣氛休閒

網走特產 極生辣蟹釜飯

有著滿滿濃郁風味、凝聚鮮美滋味的辣蟹肉，最後可加和風高湯做成茶泡飯享用。※釜飯僅早、午供應

2500円

早、午、晚都能享用鄂霍次克海的海鮮！

炉ばた 燈

網走

●ろばたあかり

☎0152-67-4111 MAP 85 B

位於複合設施「網走番屋」內的餐廳，餐廳料理使用採購自當地生產者的山珍海味製作，種類相當豐富。使用辣蟹、網釣石狗公等網走特產海鮮所製作的釜飯，深受顧客歡迎（釜飯僅早午供應）。

🕐8:00～9:40、11:00～14:00、17:00～20:00 休週二(此外有不定休) 所網走市南4東6-8-2 網走番屋內 🚃JR網走車程5分 🅿40輛

↑除了店內，夏天還能在露臺座位用餐

網走的海鮮美食

滿滿鄂霍次克的鮮美海味！

網走周邊正對著鄂霍次克海，是海鮮的寶庫，將新鮮上岸的海鮮做成美味餐點、多年來受到食客喜愛的知名創意料理，絕對讓人食指大動的美食多到數不完！

吃得到使用鯨魚各種部位的料理

網走是北海道數一數二的港都！

網走的主要產業是漁業，可在居酒屋等餐飲店輕鬆品嘗石狗公（喜知次）、鱈場蟹等品牌海鮮，尤其是延繩釣石狗公，是一尾一尾活生生地釣上岸以保持新鮮度，非常珍貴。

酒菜亭 喜八

網走

●さかなていきはち

☎0152-43-8108 MAP 84

提供各種鯨魚料理的居酒屋，有鯨魚的紅肉、舌頭、心臟多種部位，以及多樣使用鄂霍次克海當季食材的創作居酒屋料理，正宗燒酒及日本酒選項也非常豐富。

🕐16:30～23:00 休不定休 所網走市南4西3 🚃JR網走站步行10分 🅿無

網走特色的漁師料理，用水煮石狗公料理淋上，能享用傳統醬而成的網走獨有伍斯特醬料理

水煮石狗公 330円

↑有分吧檯座及架高和式座位

一次品嘗瘦肉、舌頭、心臟、下巴、腹肉等代表性的部位。

鯨魚拼盤 2420円

在道地的壽司BAR
品嚐當旬的握壽司

當旬5貫握壽司 1800円

壽司品項有石狗公、比目魚等，亦有無菜單握壽司。可外帶。

知名美食！

SUSHI BAR THE ƎND -緣戶-

網走 ●すしばーじえんど

☎0152-67-7699　MAP 84

位於網走中心區域的壽司BAR。壽司使用在地產的當季食材製作，堪稱絕品，獲得當地客人莫大的支持。這裡也因能以實惠價格吃到使用知床和牛製作的肉類料理而出名。

🕐17:30～24:00（週五、六及假日前17:30～翌1:00）　休週日、週一不定休　所網走市南4西1 第1セゾンビル2F　🚃JR網走站步行15分　Ｐ無

↑除了壽司之外，還能品嚐到道東品牌黑毛和牛。照片為知床牛赤身牛排3200円

↑店內採統一單色調，裝潢時尚

五花八門的當地美食！

知名美食！

網走強棒麵 980円

網走市與長崎縣雲仙市因世界最長烤竹輪對決而深入交流，這道菜便是以雲仙市的「小濱強棒麵」加入網走食材製成的。

公路休息站 流冰街道網走 美食街「キネマ館」

網走 ●みちのえきりゅうひょうかいどうあばしりふーどこーときねまかん

☎0152-44-0688　MAP 84

公路休息站二樓的美食街，有賣「網走強棒麵」、「鄂霍次克干貝鹽味拉麵」（980円）、「鄂霍次克網走北海道炸雞丼」（900円）等使用當地食材的餐點。

🕐11:00～15:30　休無休　所網走市南3東4 道の駅 流冰街道網走內　🚃JR網走站車程5分　Ｐ150輛

↑重現曾為許多電影舞台的昭和時代的網走

炭火烤當季新鮮漁獲！

知名美食！

300円～

爐端燒

烤螃蟹一隻2000円，烤魚300円起跳。海鮮的香氣讓人忍不住食指大動！

五十集屋

網走 ●いさばや

☎0152-43-1011　MAP 84

平價提供新鮮海鮮的爐端燒餐廳，最熱門菜色是碳烤生螃蟹，蟹肉軟嫩多汁，鮮美無比。適合搭配海鮮的在地酒款種類齊全。

🕐17:30～21:00（週日、假日為～20:00）　休不定休　所網走市南5西1 太陽ビル1F　🚃JR網走站步行15分　Ｐ無

↑大漁旗、大船等裝飾營造出漁夫小屋般的獨特氣氛

以冬天的鄂霍次克海為概念

流冰飲料

1月下旬到3月下旬網走沿岸都是雪白的流冰，其漂浮在湛藍海洋上的景象，成為許多飲料的靈感來源，來網走不妨試試看。

Planet of Blue 1200円
以流冰為意象製作，帶點藍色的原創雞尾酒。

這裡喝得到
SCOTCH BAR THE EARTH →P.86

流冰汽水 600円
汽水表面漂浮的香草冰淇淋，像是流冰漂在海上一樣。
這裡喝得到
流冰硝子館內的シーニック·カフェ帽子岩 →P.86

流冰DRAFT 297円
以流冰水源製成，鮮豔的鄂霍次克藍色氣泡酒。

這裡買得到
公路休息站流冰街道網走 →P.84

MAP P.84・85

網走 ●あばしりねいちゃーくるーずくじらいるかうどりうぉっちんぐ

MAP 84

玩樂 Abashiri Nature Cruise 賞鯨豚海鳥觀光船

☎0152-44-5849（網走市觀光協會）

在網走外海與鯨豚共遊

鄂霍次克海生態豐富，搭觀光船可以近距離看到鯨魚、海豚、海鳥等野生動物，魄力十足。

🕐4月20日～10月31日（出航時間需洽詢）
休期間中無休（天候不佳時有臨時休）
¥8800円
所網走市南3東4 道の駅 流冰街道網走
🚃JR網走站車程5分 P150輛

從船上欣賞鯨豚群充滿魄力的泳姿

網走 ●ほっかいどうりつほっぽうみんぞくはくぶつかん

MAP 85 A

景點 北海道立北方民族博物館

☎0152-45-3888

展示鄂霍次克文化。🕐9:30～16:30（7～9月為9:00～17:00）
休週一（逢假日則翌平日休、2、7～9月無休）¥550円 所網走市潮見309-1 🚃JR網走站搭網走巴士觀光設施周遊巴士14分，北方民族博物館下車即到 P100輛

網走 ●ふらわーがーでんはなてんと

MAP 85 A

景點 Flower Garden 花・天都

☎0152-44-6111（網走市觀光課）

位於天都山山頂的花園，約4萬株花朵盛開時美不勝收。

🕐6月中旬～10月中旬的6:00～19:00（旅館使用時間）
休自由參觀 所網走市呼人15-2 🚃JR網走站車程約15分 P100輛

鄂霍次克圈的觀光資訊發信站
伴手禮及美食豐富的流冰觀光據點

公路休息站 流冰街道網走

みちのえきりゅうひょうかいどうあばしり

MAP 84

☎0152-67-5007

冬 天時會兼作「流冰觀光破冰船極光號」的上下船處。販售各種當地食材做成的美食及特產，二樓的美食街「キネマ館」（P.83）供應「網走強棒麵」、「螃蟹飯」、以及加了網走粉紅鮭的「鄂霍次克網走北海道炸雞丼」等當地美食，外帶區網羅了使用當地新鮮食材的輕食餐點，有點餓時十分方便。

🕐9:00～18:30（10～3月為～18:00）、視設施而異 休無休 所網走市南3東4 🚃JR網走站車程約5分 P150輛

公路休息站位於網走川河口，建議前往知床半島前在此停靠一下

人氣公路休息站

外帶區推薦網走北海道炸雞饅頭（320円，左）以及網走漢堡（450円，右）

從觀景露台可以欣賞鄂霍次克海及網走的風景（夏季），前方正對著的是網走川

販賣部販售使用當地食材的豐富伴手禮

人氣伴手禮

網走布丁340円

鄂霍次克海藍色的氣泡酒，顏色很少見的「流冰DRAFT」（一瓶297円）

流冰汽水（340ml・250円）

佃煮西太公魚（659・432円）

道產食材做的拉麵

ラーメンきっさ えきばしゃ

●らーめんきっさえきばしゃ

☎0152-67-2152
MAP附錄 F-3

位於止別站的拉麵店，木造建築散發濃濃復古風情，湯頭是北海道食材為主的豚骨湯。

🕐11:00～18:30
休不定休 所小清水町止別 JR止別駅構內 🚃JR網走站車程30分 P20輛

名菜「站長拉麵」（一天限量十份，1750円）

離鄂霍次克海最近的火車站

停車場

●ていしゃば

☎0152-46-2410
MAP附錄 F-3

位於北濱站內古典風情的輕食&喫茶店，推薦菜是蛋包飯（850円）、鄂霍次克拉麵（1300円）。

🕐11:00～18:30
休週二 所網走市北浜無番地 JR北浜駅構內 🚃JR網走站車程24分 P20輛

復古風情的店面，椅子是取自曾實際用於火車的座椅

推薦拉麵和咖哩！

食事&喫茶トロッコ

●しょくじあんどきっさとろっこ

☎0152-46-2750
MAP附錄 E-3

位於藻琴站內的喫茶店，老闆喜歡爬山，很樂意分享知床的登山資訊。有加牛奶的「酪農拉麵」一碗750円。

🕐10:00～18:30
休不定休 所網走市藻琴 JR藻琴駅構內 🚃JR網走站車程20分 P20輛

「流冰拉麵」（1200円）

旅行 PICK UP

JR釧網本線上的美食車站

駛過鄂霍次克海岸的釧網本線，有些車站裡設有餐廳，可享受復古的氣氛及招牌菜

知床
P.20
釧路 釧路濕原
P.50
阿寒 摩周·屈斜路
P.64
網走
網走完整區域指南
P.78
旅遊便利資訊
P.94

將超棒料理拍得更美味吧！「旅遊照」Tips

「日本昭文社編輯部」取材攝影師傳授的「旅遊照」拍攝重點小建議。

美食篇

想和朋友分享在旅途中吃到的美味料理！好希望能在這樣的時刻拍出好照片呢。料理在剛做好的時候是最美味的，看情況跟店裡的人説一聲，拍完就快點開動品嚐吧。

Tips 1　構圖（角度）

基本上視線採坐在位子上的角度，能呈現出自然的臨場感。以該料理的碗盤為取景範圍，微微抬高角度拍攝，就能拍出具有質感又看來美味的照片 1。料理盛滿或有點高度的料理，稍微從下方往上拍的話，就能拍出料理的分量感 2。定食等從正上方拍攝，則能夠呈現出菜色豐盛的感覺 3。大多數人會偏向用廣角近距離拍攝料理，不過這樣邊緣會變得扭曲。專業人士會拉開一點距離，用稍微「變焦拉近」的方式拍攝。

Tips 2　光線

如果是坐在咖啡廳窗邊的座位，就試著好好運用自然光線吧。將料理放在窗邊，利用逆光或斜光拍攝，就能漂亮拍出具有立體感的照片 1。雖然在很多情況下不用閃光燈拍攝會更好，但在料理看起來偏暗時，用看看相機的調整功能吧。

Tips 3　配角也一起

雖然只拍料理或甜點也不錯，但飲料、背景一同入鏡的話，可拍出店家的氛圍感 1。也推薦大家從正上方的角度連同托盤或餐墊一起拍攝 2。聖代等有高度的甜點從側面取景決勝負，只要將相機設定好，還能拍出景深的立體感 3。如果有顏色時尚的牆面，大膽取景拍攝也是不錯的挑戰呢 4。拍照時請別忘了顧慮一下周圍顧客的感受…。

※照片僅供參考。

觀賞楚楚動人的花田與鄂霍次克海

小清水　●あばしりこくていこうえんこしみずげんせいかえん　MAP 附錄 F-3

景點 網走國定公園 小清水原生花園

📞0152-63-4187（小清水原生花園服務中心 Hana）

燦爛短暫夏天的自然花朵

鄂霍次克海與濤沸湖之間的丘陵地帶上，開滿了濱梨玫瑰、蝦夷透百合等花朵。園內設有服務中心。

10月 JR 原生花園站於每年 5～月開放列車停靠

🕐自由參觀（開花季節為5月下旬～9月，積雪期間不開放，服務中心為4月下旬～10月的8:30～17:30）所小清水町浜小清水 JR網走站車程20分 P60輛

網走　●あばしりしりつきょうどはくぶつかんぶんかんもよろかいづかん　MAP 84

景點 網走市立郷土博物館分館 最寄貝塚館

📞0152-43-2608

展示遠古時代住在北國海邊的鄂霍次克人的遺跡與文物。

🕐9:00～17:00（11～4月為～16:00）休無休（10～6月週一、假日休）¥300円 所網走市網走１－東２ JR網走站搭網走巴士10分，モヨロ入口下車即到 P20輛

網走　●のとろみさき　MAP 附錄 E-2

景點 5 能取岬

📞0152-44-6111（網走市觀光課）

蔚為話題的黑白條紋燈塔

黑白相間的燈塔矗立於遼闊的綠色草原上

網走市區往北約10km處的海岬，聳立於鄂霍次克海上，環抱周長31km、與大海僅一沙洲之隔的能取湖，這裡因為某日本航空公司的廣告取景地而爆紅。

🕐自由參觀 所網走市美岬 JR網走站車程25分 P50輛

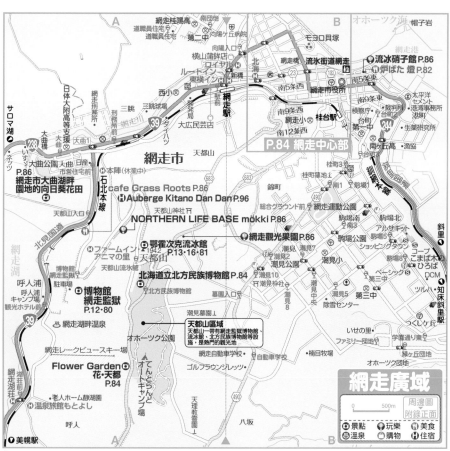

石北本線
網走市
P.86 網走市大曲湖畔園地的向日葵花田
cafe Grass Roots P.86
Auberge Kitano Dan Dan P.96
NORTHERN LIFE BASE mökki P.86
鄂霍次克流冰館 P.13·16·81
北海道立北方民族博物館 P.84
博物館 網走監獄 P.12·80
網走觀光果園 P.86
網走湖畔溫泉
天都山區域
網走レークビュースキー場
Flower Garden 花·天都 P.84
流冰硝子館 P.86
炉ばた 燈 P.82
P.84 網走中心部

網走廣域

0　　500m
周邊圖／附錄正面

景點　玩樂　美食
溫泉　購物　住宿

補充知識 小單元！　繞行能取岬海岸線的道道76號通稱「美岬線」，特別是開在通往海岬尖端的道路上，有種正在往蔚藍大海前進的感覺，能享受暢快的絕景兜風之旅。

SCOTCH BAR THE EARTH
☎0152-43-5939

真的流冰做的雞尾酒頗受好評

有使用流冰的「Planet of Blue」、以當地產木天蓼調成的霜凍雞尾酒等網走風格的特製雞尾酒，及500種以上世界名酒供客人選擇。座位費1500円。
⏰19:00～翌1:00（週日、假日為～24:00）　休不定休　所網走市南3西2 第2ツカサビル1F　🚃JR網走站步行13分　Ｐ無

↻也能吃到當地食材做的餐點　↻風格俐落的正宗酒吧

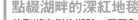

能取湖珊瑚草群生聚落
☎0152-47-2301（卯原內觀光協會）

點綴湖畔的深紅地毯

能取湖南側的湖畔、卯原內一帶約4公頃滿滿都是珊瑚草，8月下旬到9月下旬呈現出宛如鋪上一層鮮紅地毯般的風景。
⏰自由參觀　所網走市卯原內60-3　🚃JR網走站搭網走巴士往常呂20分，西網走コミセン前下車，步行3分　Ｐ200輛

祭]活動 ↻9月上旬會舉辦「珊瑚草

流冰硝子館
☎0152-43-3480

再生玻璃DIY與美景咖啡廳

使用回收日光燈管製作環保手工藝品的玻璃工房，提供豐富的體驗活動。在設施內的咖啡廳可一邊享用輕食及飲料，一邊觀賞窗外鄂霍次克海的四季風情。　⏰10:00～17:00　休週三（其他有不定休）　所網走市南4東6-2-1　🚃JR網走站車程5分　Ｐ30輛

↑「流冰碎片」髮圈（一個1320円）　↻吹玻璃體驗3520円起，約20分

Salt&Sun
☎080-6094-0003

能看見鄂霍次克海的咖啡廳，餐點多使用在地食材，例如網走牛奶、北見洋蔥等。
⏰週二～五的10:30～15:00（L.O.）　休週六日、一及假日（官網確認）　所網走市海岸町5-1-4　🚃JR網走站車程5分　Ｐ7輛

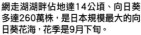

網走市大曲湖畔園地的向日葵花田
☎0152-44-6111（網走市觀光課）

網走湖湖畔佔地達14公頃、向日葵多達260萬株，是日本規模最大的向日葵花海，花季是9月下旬。
⏰7月中旬、9月下旬的9:00～17:00　休期間中無休　¥免費入園　所網走市三眺25　🚃JR網走站車程10分　Ｐ50輛

NORTHERN LIFE BASE mökki
☎090-2055-2661

老闆擁有北海道戶外導遊資格，從徒步健行到夜間行程都有，推出種類廣泛的體驗方案。
⏰10:00～16:00　休週三、四　所網走市大曲62-46　¥夜遊網走3000円～　🚃JR網走站車程10分　Ｐ4輛　HPhttps://abashiri-mokki.com/

---

cafe Grass Roots
☎0152-43-2992

位於天都山自然環繞下的小木屋咖啡廳，很多人點的「白醬蛋包飯」（1300円）是以無調整的網走牛奶做成，香濃可口。
⏰11:00～16:00　休週三、第3週四　所網走市大曲46-18　🚃JR網走站車程5分　Ｐ10輛

食堂manma
☎0152-61-4828

使用當地產食材製作的手作每月餐點很受歡迎，有丼飯、三明治、甜點等選擇，在這裡能品嘗到各種不同的菜色。　⏰11:00～14:30　休週一（逢假日則營業）　所網走市北2西3-3 オホーツク文化交流センター 1F　🚃JR網走站車程5分　Ｐ288輛

網走觀光果園
☎0152-43-4560

位於網走天都山，是日本最北端的果樹園。有種植櫻桃、中國李、西洋李、梨子等，每個季節都能享受採果樂趣。　⏰7～11月的9:00～17:00　休期間中無休　所網走市天都山223　¥需洽詢　🚃JR網走站車程10分　Ｐ150輛

ひがしもこと乳酪館
●ひがしもことにゅうらくかん
MAP 77 B-1
☎0152-66-3953
⏰9:00～17:30　休週一（11月1日～4月30日為週一、二休）　¥免費入館　所大空町東藻琴409-1　🚃JR網走站車程40分　Ｐ25輛

↻↻乳酪館出品的起司（1128円等），女滿別機場也買得到

童話之丘
●めるへんのおか
MAP 附錄 E-3
☎0152-74-2111（大空町產業課）　⏰自由參觀　所大空町女滿別昭和　🚃JR網走站車程25分　Ｐ10輛

↻黑澤明導演電影《夢》的場景，四季各有不同風情的田園景色

公路休息站 ノンキーランドひがしもこと
●みちのえきのんきーらんどひがしもこと
MAP 附錄 E-3
☎0152-66-3600
⏰9:00～18:00（酒店IN15:00、OUT10:00※視設施而異）　休無休　所大空町東藻琴100　🚃JR藻琴站車程16分　Ｐ48輛

酪農業盛行的東藻琴地區，在市區設有「ひがしもこと乳酪館」，這裡出產的起司相當美味。晚上可以住在「公路休息站 ノンキーランドひがしもこと」，販售當地伴手禮的商店及餐廳也很推薦。

這裡也好想去！

照留念的遊客絡繹不絕，而到觀光季節來這裡拍39號道路旁有個知名景點「童話之丘」，每女滿別地區內的國道都是小麥及甜菜田空町。附近的丘陵地別機場所在地——女「道東的大門」女滿

↻「東藻琴村酒店」有日式及西式房間可以選

有花有山丘的 大空町
MAP → 附錄 E-3

★補充知識 小單元！ 來自東京農業大學鄂霍次克校區的新創企業「Tokyo Nodai Startup Bioindustory」，於網走飼養原產於澳洲，不會飛的大型鳥類「鴯鶓」。在「ショップ笑友（MAP 84）」販售鴯鶓油化妝品，以及鴯鶓蛋製作的生銅鑼燒等。

86

知床

P.20
釧路 釧路濕原

P.50
阿寒 摩周・屈斜路

P.64

網走 網走完整區域指南／佐呂間湖

P.78

旅遊便利資訊

P.94

附近其他吃喝玩樂

網走 車程約50分

● さろまこ

佐呂間湖

北海道最大湖泊 也是美味的寶庫

緊鄰鄂霍次克海的佐呂間湖，是北海道最大的湖，這裡的扇貝和牡蠣養殖也是北海道東的美食代名詞。

網走站出發的交通方式

巴士 網走巴士往常呂バスターミナル46～51分，終點下車。網走巴士或北見市營巴士往サロマ湖栄浦轉乘12～16分，終點下車

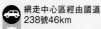

車 網走中心區經由國道238號46km

觀光資訊 佐呂間町經濟課商工觀光係
☎01587-2-1200
MAP P.87

↑從觀景台可以看到佐呂間湖全景

↑從停車場到觀景台要爬200個階梯！但看到風景後就不覺得累了

↑往觀景台的馬路沒有鋪路，但很平坦。路不寬，請小心會車

佐呂間湖觀景台 ●さろまこてんぼうだい
☎01587-2-1200(佐呂間町經濟課商工觀光係) MAP 87

享受佐呂間湖壯闊的大全景

展望台位於幌岩山山頂附近，海拔雖然才376m，不過附近沒有高山，而且地點正好在湖畔中心點，是絕佳的湖景景點，遠處還能看到知床連山。

🕐自由參觀(冬季通往展望台的道路禁止通行) 📍佐呂間町浪速 🚗JR網走站車程1小時20分 🅿20輛

佐呂間湖周邊
順路一遊

レストハウス 華湖
◆れすとはうすはなこ
☎01587-6-2025 MAP 87

供應扇貝及牡蠣的餐點，也有海鮮丼及定食，讓人吃到當地的新鮮海鮮。

🕐11:00～19:00(冬季為～18:00，有季節性變動)
🈂無休 📍佐呂間町浜佐呂間 🚗JR網走站車程50分
🅿30輛

↑鋪滿扇貝及鮭魚卵的「華湖丼」（1870円）

cafeしゃべりたい
◆かふぇしゃべりたい
☎0152-54-3942 MAP 附錄 E-2

享用當地名產扇貝做成的餐點，飲料推薦以流冰為概念的豪邁流冰蘇打。

🕐11:30～17:30 🈂週一
📍北見市常呂町常呂204
🚗JR網走站車程35分
🅿4輛

↑海之幸咖哩（1550円，前方）及流冰蘇打（750円）

北勝水産直売店
◆ほくしょうすいさんちょくばいてん
☎01587-6-2002
MAP 87

扇貝做成的加工品種類眾多。夾入大顆貝柱的帆立漢堡（2個380円）也很多人喜歡。

🕐9:00～16:00 🈂週三 📍佐呂間町浪速52
🚗JR網走站車程55分 🅿20輛

旅話題！COLUMN

↑佐呂間湖的扇貝不論生吃或加工都美味

佐呂間湖的扇貝

佐呂間湖是扇貝養殖的發源地，這裡的扇貝個頭大又肥美，很受饕客歡迎。

公路休息站 サロマ湖
●みちのえきさろまこ
☎01587-5-2828 MAP 87

來吃當地特產扇貝！

春～秋天時在開放露台供應炭烤扇貝，冬天則用瓦斯爐烤，一整年都散發誘人的香味。也有賣當地特產品。

🕐9:00～18:00(10月中旬～4月中旬為～17:00) 🈂無休(視設施而異) 📍佐呂間町浪速121-3
🚗JR網走站車程1小時 🅿76輛

↑扇貝濱燒2個500円

↑獨特的外型仿造牛舍及筒倉，也就是基礎產業的象徵

Kimuaneppu岬
●きむあねっぷみさき
☎01587-2-1200(佐呂間町經濟課商工觀光係) MAP 87

原生植物的寶庫 秋天染上一片赤紅

佐呂間湖東南方呈角狀突出的海岬，是濱梨玫瑰等原生植物的觀察點，秋天時能欣賞美麗的珊瑚草群落，沉入佐呂間湖的夕陽也是一幅絕景。

🕐自由參觀
📍佐呂間町幌岩
🚗JR網走站車程55分
🅿30輛

↑近距離觀賞珊瑚草的群落

Advics 常呂冰壺館
●あどぅぃっくすところかーりんぐほーる
☎0152-54-1099 MAP 附錄 E-2

在正宗場地體驗冰壺運動

Curling Hall是國內頂尖隊伍的練習場，一般民眾也可使用。🕐10:00～22:00(週日、假日為～17:00)
🈂週一 💴1冰道1小時1400円、用具租借120円、防寒衣租金400円(數量有限，需確認)、教練1人1小時2500円
📍北見市常呂町土佐2-2 🚗JR北見站車程1小時 🅿89輛

↑能學習冰壺的基本知識與訣竅

常呂神社
●ところじんじゃ
☎0152-54-2561 MAP 附錄 E-2

用了許多冰壺設計的神社

供奉保佑大海與漁業的神明，以冰壺為設計圖案的授予品蔚為話題。🕐9:00～16:00 🈂無休
💴免費 📍北見市常呂町常呂63 🅿50輛

↑御朱印300円

↑護身符1000円

佐呂間湖 MAP

北見 Kitami

北見
きたみ

以薄荷與燒肉知名的鄂霍次克圈中心城市

薄荷城市北見的薄荷生產量曾高佔全世界的七成，現在則以洋蔥及白花豆的產量佔日本之冠，遊客對相關商品及甜點都好評不斷。

網走站出發的交通方式

🚆 **鐵路** JR石北本線搭特急鄂霍次克‧大雪號50分，北見站下車

🚗 **車** 經國道39號約54km

觀光資訊

(一社)北見市觀光協會
☎0157-32-9900
北見市觀光振興課
☎0157-25-1244

MAP P.90

北見Trip推薦

玩樂與美食都充滿獨創性！

北海道中面積最大的！

北見市 サロマ湖 常呂 端野 北見 留辺蘂

用薄荷精油製作精靈乳液

北見薄荷紀念館‧薄荷蒸溜館

●きたみはっかきねんかん・はっかじょうりゅうかん
☎0157-23-6200 **MAP** 90 B

在「北見薄荷紀念館」旁的「薄荷蒸餾館」除了可以參觀蒸餾薄荷的過程之外，還有舉辦使用稀有的日本品種薄荷油製作乳液的「香氛微體驗」（約30分、需預約）。體驗後來「北見薄荷紀念館」享受復古的氛圍，同時認識關於薄荷的歷史吧。

🕘9:30～16:30（視時期而異）休週一、國定假日的翌日（週一逢假日則翌日休；週五、六逢假日則開館，翌日亦開館）¥免費入館，香氛微體驗1000円（需預約）所北見市南仲町1-7-28 🚉JR北見站步行10分 🅿20輛

➡蓬鬆輕柔卻有著濕潤感的精靈乳液

⬆加入薄荷精油與自己喜歡的精油後就完成了

在北見市區體驗冰壺運動！

AIRGO GRAPHICS KITAMI CURLING HALL

●あるごぐらふぃっくすきたみかーりんぐほーる
☎0157-57-6151 **MAP** 附錄 D-3

冰壺聖地──北見的第2座競技場。在這個全年型冰壺專用室內競技設施中，設有3個冰道，一般民眾也可輕鬆體驗冰壺運動。能在此租借用具，教練會細心地教導基本動作（需預約）。

➡2020年10月開幕

🕙10:00～22:00 休週二 ¥1冰道1400円、用具租借120円、指導費1小時2500円 所北見市柏陽町603-14 🚉JR柏陽站步行15分 🅿40輛

⬆也有很多頂尖隊伍會在此練習

北見的這個好吃！

來盡情享受每個區域最新設施、美食等不同的魅力吧！

洋蔥
以產量日本第一自豪的北見代表性農作物，栽種了許多不同的品種

肉
北見為北海屈指可數的燒肉城市。內橫膈膜、內臟等很受歡迎

北見產整顆洋蔥咖哩 1150円
使用完整1顆北見洋蔥的咖哩。也很推薦洋蔥裡含有大量高湯，充滿鮮美滋味的「炸洋蔥」。

在這裡能吃到
鄂霍次克啤酒廠
●おほーつくびあふぁくとりー
☎0157-23-6300 **MAP** 90 B
DATA為→P.90

熟成和牛內橫膈膜 1680円
講究使用北海道產的牛肉。推薦這裡每天從直營工廠進貨的新鮮內臟肉品。

在這裡能吃到
味覚園 総本店
●みかくえんそうほんてん
☎0157-25-6895 **MAP** 90 B
🕔17:00～23:00（週日、假日為～22:00）休無休

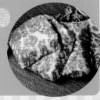

知床

P.20

釧路 釧路濕原

P.50

阿寒 屈斜·川湯·美幌

P.64

網走

北見Trip推薦

P.78

旅遊便利資訊

P.94

北見市區車程50分

留邊藥 Rubeshibe

以獨特方式展示棲息於北海道的河川魚類

山之水族館（北之大地水族館）

●やまのすいぞくかんきたのだいちのすいぞくかん

☎0157-45-2223 **MAP** 附錄C-4

日本首座擁有「能從瀑潭處往上看的水槽」的水族館，主要展示淡水魚類。這裡還有充滿北海道風情的「冰凍河川水槽」等，展示方式讓大人小孩都能看得開心，很受歡迎。
⏰8:30～17:00(11～翌3月為9:00～16:30) 休4月8日～14日、12月26日～1月1日 ￥入館費670円 所北見市留辺藥町松山1-4 交JR留邊藥站搭北見巴士往道之駅おんねゆ温泉20分，終點下車即到 P200輛

↑與公路休息站おんねゆ温泉在同一腹地上

check!
共通入場券
能進入山之水族館（北之大地水族館）與北狐牧場參觀的優惠共通票券（1000円）。因為北狐牧場就在水族館附近，一起來玩吧。

留辺藥的這個好吃！
白花豆
以種植面積為日本第一自豪。特徵是甜味溫和、豆子大顆且吃了有飽足感

在這裡能吃到
公路休息站おんねゆ温泉
●みちのえきおんねゆおんせん

☎0157-45-3373 **MAP** 附錄C-4
⏰8:30～17:00(11～3月為9:00～16:30) 休4月8日～14日、12月26日～1月1日

TAKE OUT
白花豆霜淇淋 350円
能嚐到含有豐富膳食纖維的白花豆口感和高雅風味。是這間公路休息站的知名霜淇淋。

常呂的這個好吃！
扇貝
常呂區域為扇貝養殖發祥地。擁有彈牙口感，營養豐富又充滿鮮美滋味

盡享扇貝定食 2500円
擁有多種使用在地扇貝製作的菜色。內含生吃、油炸、燉煮等扇貝料理方式的「盡享扇貝定食」最受歡迎。

在這裡能吃到
レストハウスところ
●れすとはうすところ

☎0152-54-2339 **MAP** 附錄E-2
⏰11:00～14:00、15:00～19:00 休週三

WAKKA原生花園

●わっかげんせいかえん

☎0152-54-3434(ワッカネイチャーセンター) **MAP** 87

寬廣的園區內有溼地、沙丘等豐富的地質型態，在這裡能見到於不同地質上生長的花草，是相當珍貴的地方，一整年孕育了300種以上的植物。還能騎「Lavita」（收費）遊逛園內。

⏰2023年為4月29日～10月9日的8:00～17:00(6～8月為～18:00) 休期間中無休 所北見市常呂町栄浦242 交JR北見站車程50分 P153輛

↑電動三輪車「Lavita」

北見市區車程50分

常呂 Tokoro

在日本規模最大海岸草原騎自行車遊逛

北見市區車程20分

端野 Tanno

廣大葡萄園呈現眼前的絕景釀酒廠

BOSS AGRI WINERY
●ぼすあぐりわいなりー

☎0157-57-2102 **MAP** 附錄D-3
主要品牌「櫻夢雫」僅使用自家公司農園採收的葡萄製作。以葡萄品種抗寒力強的山幸和清舞為主，釀造出豐富多元的葡萄酒。

●直賣所 ⏰8:00～18:00 休無休 所北見市端野町緋牛內793-1 交JR北見站車程30分 P15輛

Infeeld winery
●いんふぃーるどわいなりー

☎0157-57-2358 **MAP** 附錄D-3
100%使用克服鄂霍次克嚴寒的北見葡萄所釀造的葡萄酒。廠內亦設有能吃到自家公司飼育的「北見和牛」與葡萄酒的餐廳（預約制）。

●直賣所 ⏰9:30～16:00(冬期為～15:00) 休不定休(需事先確認) 所北見市端野町緋牛內715-10 交JR北見站車程30分 P10輛

全國唯一由黑毛和牛農家所開的釀酒廠

端野的這個好吃！
小麥·蔬菜
生產小麥、馬鈴薯、紫蘇等的農業地區。洋蔥的產量也很高

TAKE OUT
knuckle漢堡 790円
特色是漢堡麵包使用特製天然酵母製作，內夾多汁的漢堡肉、使用當季端野產的洋蔥、上常呂產的番茄等食材。

在這裡能吃到
ハンバーガーショップknuckle
●はんばーがーしょっぷなっくる

☎0157-56-2639 **MAP** 附錄D-3
⏰11:00～18:00 休週一、第3週日(有臨時公休)

北見中心部 ●れすとらんしぇるぶるー　MAP 90 B

美食 Restaurant Ciel Bleu
☎0157-23-2251（黑部飯店）

老字號飯店裡的餐廳
「黑部飯店」一樓氣氛悠閒的餐廳，招牌菜是北見美食「鄂霍次克北見鹽味炒麵」。午晚餐都提供豐富的中西式餐點，深受遊客及當地人歡迎。🕐11:00～19:45（餐廳活動日）休無休 所北見市北7西1 ホテル黑部1F 🚉JR北見站步行8分 P60輛

麵（1300円）
○鄂霍次克北見鹽味炒

北見中心部 ●おほーつくびあふぁくとりー　MAP 90 B

美食 鄂霍次克啤酒廠
☎0157-23-6300

釀造味道清爽的「皮爾森啤酒」以及味道濃郁風味複雜的「愛爾啤酒」，大麥產自鄂霍次克一帶，是北海道第1號在地啤酒。共五款啤酒。🕐11:30～21:30 休無休 所北見市山下町2-2-2 🚉JR北見站步行15分 P35輛

北見市街 ●かいてんずしとりとんみわてん　MAP 附錄 D-4

美食 回轉寿しToriton 三輪店
☎0157-23-5555

以平易近人的價格，就能吃到扇貝、海螺、北寄貝等鄂霍次克海的新鮮高級食材，生意非常好。🕐11:00～21:30 休不定休 所北見市東三輪4-12-20 🚉JR北見站車程10分 P81輛

留邊蘂 ●ふじやかしほ　MAP 附錄 C-4

購物 ふじや菓子舖
☎0157-45-2228

北見市留邊蘂當地特產白花豆，生產量為日本第一。在當地長期受到喜愛的老店「ふじや菓子舖」擁有使用白花豆製作、品項豐富的日式、西式甜點。🕐8:00～19:00 休無休 所北見市留辺蘂町温根湯温泉194 🚉JR北見站車程45分 P3輛

端野 ●かしこうぼうしが　MAP 附錄 D-3

購物 菓子工房 Shiga
☎0157-56-2030

北見的老字號點心店，「冰壺生餅乾」（700円）裝在石壺形狀的盒子裡非常暢銷，有時一下就賣完。有巧克力及草莓口味。🕐9:30～19:30（週二（遇假日照常營業）休週二 所北見市端野町三區2-4 🚉JR端野站步行8分 P15輛

北見市街 ●けーきはうすてぃんかーべる　MAP 90 A

購物 Cake House Tinkerbell
☎0157-24-7780

在地的優質奶油、雞蛋、蜂蜜等原料揉和成滋味豐富的蛋糕「鄂霍次克Bake」，是必買伴手禮。🕐10:00～19:00 休週一、第3週二，逢假日則翌日休 所北見市高栄西町9-1-3 🚉JR北見站車程13分 P5輛

北見中心部 ●こみゅにてぃぷらざぱらぼ　MAP 90 B

購物 Community Plaza Palabo
☎0157-31-3600

地下樓層的北海道特產專區蒐羅鄂霍次克地區約3000件特產品。農產加工品、乳製品跟北見薄荷製品選項也很豐富。🕐10:00～18:30（6F用餐區為～19:00）休週二（地下雜貨店和六樓用餐區無休）所北見市大通西2-1 🚉JR北見站即到 P213輛

北見中心部 ●ぴあそんきねんかん　MAP 90 B

景點 皮爾森紀念館
☎0157-23-2546

列為北海道遺產的西式建築
在北見地方傳播福音的傳教士皮爾森夫婦故居，由W. M. Vories設計的兩層樓木造建築，展出資料與這對夫婦的遺物。🕐9:30～16:30 休週一（逢假日或假日的翌日則開館）¥免費入館 所北見市幸町7-4-28 🚉JR北見站步行15分 P20輛

○以北見市最早的西式建築而聞名

常呂 ●ところいせきのもりところいせきのやかた　MAP 87

景點 常呂遺跡之森・常呂遺跡之館
☎0152-54-3393（ところ遺跡の館）

國家指定史蹟，擁有三個時代的遺跡，在遺跡入口有展示設施「常呂遺跡之館」。🕐9:00～17:00 休週一、假日翌日 ¥280円（遺跡免費參觀）🚉JR北見站車程50分 P20輛

原來如此 COLUMN

人氣伴手禮！「燻油漬扇貝」備受矚目！

扇貝加工品製造商「帆立屋しんや」的「燻油漬扇貝」蔚為話題。以北見市常呂町為活動據點的北見女子冰壺隊伍，在2023年2月上旬舉行的冰壺日本選手權中，將其作為伴手禮送給對手，因而一夕爆紅。直賣店「貝の蔵」（MAP附錄E-2）就有賣「燻油漬扇貝」，也可在官網（https://www.shinya.ne.jp/）的網路商店下訂。

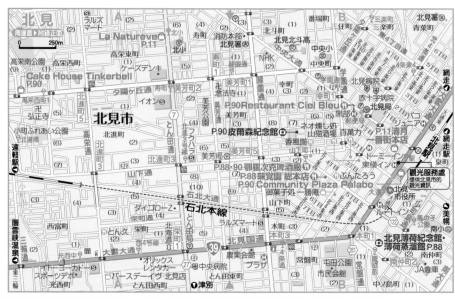

以觀賞流冰而知名的紋別，紋別沿海海洋公園園內稱為「garinka區」，有許多夏天也能玩樂的觀光設施。

北海道立鄂霍次克流冰科學中心「GIZA」
●ほっかいどうりつおほーつくりゅうひょうかがくせんたーぎざ
☎0158-23-5400 MAP 92

可看又可摸 玩樂中學習流冰知識

帶遊客認識流冰與鄂霍次克海神秘的科學館，最受歡迎的是零下20度的嚴寒體驗室，以及數量眾多的流冰天使。

🕐9:00～17:00 休週一（逢假日則翌日休，大型連假、暑假、流冰季節無休）¥入場費450円（含影片的套票750円）所紋別市元紋別11 🚌オホーツクタワー入口巴士站步行10分 P120輛（公路休息站停車場）

👈鄂霍次克海的魚凍在冰塊裡，還有流冰天使

👈在零下20度的嚴寒體驗室進行「冰凍毛巾體驗」

網走站出發的交通方式

🚃🚌 JR石北本線搭特急鄂霍次克・大雪號至遠輕站1小時50分，再於遠輕站轉乘北海道北見巴士或北紋巴士往紋別1小時25分，紋別バスターミナル下車

🚗 從網走中心部走國道238號116km

觀光資訊
紋別觀光服務處 ☎0158-24-3900
紋別市觀光交流推進室 ☎0158-27-5181
MAP P.92

順路一遊 紋別周邊

紋別漁師食堂
◆もんべつりょうししょくどう
☎0158-28-9431 MAP 92

「マルマ松本商店」的直營店，以「本松葉蟹蟹殼盛」聞名，可以吃到將紋別捕到的松葉蟹做成的海鮮丼。

🕐11:00～16:30（商品販售為10:00～17:00）休不定休（需洽詢）所紋別市新生40-55 🚌紋別巴士總車站步行8分 P35輛

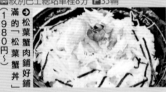

👆滿的「松葉蟹丼」（1980円～）松葉蟹肉鋪好鋪

よってけまるとみ
☎0158-24-1188 MAP 92

令人垂涎的新鮮海產料理，從定食到單點品項都有，餐廳也由水產加工廠直營，所以價格非常實惠。

🕐11:00～14:30、17:30～21:00（週六、日17:00～）休週三 所紋別市港町5 🚌紋別巴士總車站步行5分 P20輛

👆富含油脂的「花魚對開定食」（1370円）

出塚水產
◆でづかすいさん
☎0158-23-2012
MAP 92

販售用鄂霍次克海產等海鮮製成的魚板，店裡也有用餐空間，可以一邊欣賞紋別港的海景，一邊享用現炸的魚板，還有免費的茶跟咖啡。

🕐8:30～18:00
休無休 所紋別市港町5-3-23
🚌紋別巴士總站步行7分 P8輛

👈螃蟹美乃滋球（1個300円）

旅話題！COLUMN

鄂霍次克薰衣草田

位於鄂霍次克流冰公園裡，薰衣草田後面有鄂霍次克海景而備受推崇。（MAP 附錄B-1）

👉從6月下旬開始綻放直到7月底為止。入園時間為9～17時

冰海展望塔 鄂霍次克塔
●ひょうかいてんぼうとうおほーつくたわー
☎0158-24-8000（鄂霍次克海Garinko Tower） MAP 92

世界首座冰海中的海中展望塔！

展望塔位於紋別海邊，每到流冰季節，可以到海底層欣賞流冰下的世界。展示室可以看到流冰天使。

🕐10:00～16:00（夏季有夜間營業）休無休 ¥海底入場費500円 所紋別市海洋公園1 🚌オホーツクタワー入口巴士站步行20分的海洋交流館搭乘免費接送巴士 P400輛

👉從觀景塔可以欣賞海上38.5m至海底7.5m的風景

紋別鄂霍次克海豹中心
●おほーつくとっかりせんたーあざらしらんど
☎0158-24-7563 MAP 92

仔細觀察海豹吧

原文「Tokkari」是愛努語海豹的意思，這裡飼養20頭左右的海豹，餵食時間到飼育員會介紹海豹生態，也可以近距離觀察海豹。

🕐10:00～16:00 休無休（天候不佳時休）¥200円（以飼料費等贊助名義）所紋別市海洋公園2 🚌オホーツクタワー入口巴士站步行12分 P200輛

海洋交流館（Garinko Station）
●かいようこうりゅうかん（がりんこすてーしょん）
☎0158-24-8000（オホーツク・ガリンコタワー） MAP 92

販售Garinko號原創周邊商品及點心

「流冰觀光船Garinko號」乘船處，這裡新設置由紋別市內5家店所組成的美食區，亦有商店。

🕐8:00～19:00（餐飲店11:00～。商店為10:00～16:00）休無休（餐飲店需洽詢）所紋別市海洋公園1 🚌オホーツクタワー入口巴士站步行20分 P400輛

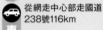

👉「流冰觀光船Garinko號III IMERU Choro-Q」（1200円）

👆入口進去左側馬上就有商店

旅話題！COLUMN

巨大蟹鉗

高12m、重達7噸的巨大蟹鉗裝置藝術，位於流冰科學中心後方，是紋別市的觀光象徵，也被畫在城市歡迎牌上。
（MAP92）

👈記得拍照留念時可以親身體會到他有多大

👉よってけまるとみ P.92
👉出塚水產 P.92
👉dining café quattro P.10
紋別

👉流冰觀光船Garinko號
👉海洋交流館 P.92
👉鄂霍次克冰海展望塔 鄂霍次克塔 P.92

觀光服務處 提供各種市內與周邊區域的觀光手冊

👉紋別鄂霍次克海豹中心 P.92 海豹中心

👉紋別漁師食堂 P.92

👉巨大蟹鉗 P.92

北海道立鄂霍次克流冰科學中心「GIZA」 P.92

オホーツク紋別
オホーツク紋別空港

流冰觀光破冰船 極光號
りょうひょうかんこうさいひょうせんおーろら

同為南極觀測船隻構造

氣勢萬鈞地駛向流冰覆蓋的海面

網走 1月20日～3月31日

📞0152-43-6000
(道東觀光開發)
MAP 84
休期間中無休(天候不佳時休) 所網走市南3東4-5-1(道の駅 流冰街道網走) 🚃JR網走站車程5分 🅿100輛

體驗DATA ※當天有空位就可以搭
費用 海上航路4000円
※如果沒有流冰 能登岬觀光3000円
需時 60分
期間 1月20日～3月31日
班次 1日2～6班

破冰船將冰頭抬在冰面上，再以船體的重量破開冰面，氣勢萬鈞地在海上前進。如果冰太厚就會使出絕招：先後退，累積助跑的能量再來撞開。船隻屬於大型客船，可以容納450人，因此不太會見。在展望甲板上可迎著海風環視流冰冰原，船上還設有咖啡休息室。

2023年起增加了「流冰觀光船極光3號」

客艙有三層，可從較高處將流冰冰原盡收眼底

幸運的話可以看到 說不定能看見海豹待在流冰上的模樣

原來如此COLUMN
流冰是如何形成的呢？
黑龍江的河水（淡水）大量流入海裡，使得海水表層的鹽分濃度下降、結冰，隨著面積變大，往南漂移，便形成流冰，於每年2月上旬來到北海道鄂霍次克海沿岸，依序停靠紋別、網走、羅臼，在羅臼甚至可能到4月中旬都還有冰。

流冰月曆

	流冰初日	流冰終日
紋別	1月28日	3月21日
網走	1月26日	3月28日
羅臼	2月10日	4月2日

※流冰初日跟終日的數據是由第一管區保安本部海冰情報中心提供的平年值（1991～2020）

○流冰初日…首次觀測到流冰出現在海面之日
○靠岸初日…流冰靠岸的第一天
○離岸初日…流冰離岸，船可航行的第一天
○流冰終日…視界內流冰出現在海面上的最後一日

冬季的鄂霍次克海
流冰之旅

說起道東，就是以冬季賞流冰而聞名，在鄂霍次克海沿岸，每年2月流冰蜂湧而至，海面會覆蓋上整片雪白的冰，可搭乘紋別、羅臼、網走各有特色的3艘流冰破冰船欣賞。

Garinko II 與 Garinko III 同時航行

一面破冰 一面前進

最佳觀賞季節 1～3月
所需時間 1～3小時
雨天則… 天候不佳則取消

體驗DATA 需預約
費用 Garinko III IMERU4000円
(Garinko II 3000円)
※2024年1月資訊
期間 Garinko III IMERU 1月中旬～3月下旬
需時 約60分
班次 1日4～10班(各班10名以上就出航)

船上的風景
有時還會遇見灰背鷗等成群的鳥類
從甲板可以近距離欣賞流冰，許多乘客都會到甲板上看碎冰的過程

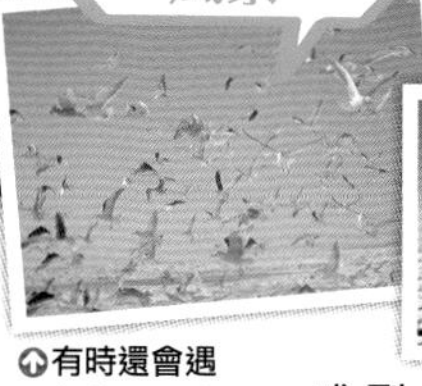

📞0158-24-8000(鄂霍次克海Garinko Tower)
MAP 92
休期間中無休(天候不佳時休) 所紋別市海洋公園1 🚃網走巴士總站搭乘高速巴士(僅限冬季，需預約)2小時10分，紋別ガリンコステーション下車即到 🅿400輛

流冰觀光船 Garinko II·III
りゅうひょうかんこうせん がりんこつう・すりー

紋別 1月中旬～3月下旬

Garinko III IMERU
りゅうひょうかんこうせん がりんこすりーいめる

「Garinko II·III」船頭街配備了阿基米德式螺旋抽水機，藉由旋轉將冰打碎前行。整艘船都可以感受到震碎流冰的聲音與震動感，總覺得有點刺激。

以破冰鑽打碎流冰 豪邁地前進！

體驗DATA 需預約
費用 1小時4400円 2小時半8800円
※2小時半行程如帶攝影器材會有追加費用
需時 約1小時～2小時半
期間 1月下旬～3月上旬
班次 1日2～3班

📞0153-87-4001
(知床Nature Cruise)
MAP 40 B
休期間中無休(天候不佳時休) 所羅臼町本町27-1(道の駅 知床·らうす裏) 🚃阿寒巴士本町巴士站即到 🅿10輛

穿梭於流冰之間 尋訪海洋動物的蹤跡

流冰觀光知床 Nature Cruise
りゅうひょうかんこうしれとこねいちゃーくるーず

羅臼 1月下旬～3月上旬

乘著輕巧的小型船尋訪野生動物！

由對羅臼瞭若指掌的船長駕駛穿梭自如的觀光船，帶領大家前進流冰漂浮的冬季海洋。不僅能觀察帶有野生動物的姿態，還能近距離觀看漁船捕撈黃線狹鱈的情況。

虎頭海鵰展翼達2m，盤旋的模樣震撼力十足
船員從船上尋找野生動物，找到時會以擴音器通知大家

船上的風景

即使在自然環境豐富的道東，貼近大自然的住宿設施也是特別多，各家除了客房以外各有特色，例如野趣十足的露天浴池、上等食材的料理等等，快來看看是哪幾家！

透過藝術與風景盡情欣賞知床之美

宇登呂 知床北辛夷度假飯店
● きたこぶししれとこほてるあんどりぞーと

📞 052-24-2**1 　　MAP 31 A

館內展示著以知床為主題、多元豐富的藝術品，是能人能夠在雅致的空間中度過優質時光的度假飯店。前來能從客房、大眾池、三溫暖皆能望見鄂霍次克海美景的地方吧。

🏠 斜里町ウトロ東172　📧 宇登呂溫泉巴士總站步行5分
🅿 150輛

↑2023年3月剛改裝落成的用餐會場

○大眾池於夏天能眺望大海，冬天可遠望流冰

溫泉	露天
IN/OUT 15:00／10:00	
費用 需洽詢	
客房數 178間	信用卡 可

← 2021年新設置的三溫暖以特色設計和景觀為傲

← 地面鋪了天然翡翠的大眾池

充滿北海道風情的自助餐很受歡迎

宇登呂 知床第一飯店
● しれとこだいいちほてる

📞 052-24-2334　　MAP 31 B

以北海道自助餐先驅為人熟知，並以自家料理自豪的度假飯店。在專門的會場「MARUSUKOI」，早餐、晚餐都能暢快地享用鄂霍次克海的海味，以及來自當地牧場的山珍。

🏠 斜里町ウトロ香川236　📧 宇登呂溫泉巴士總站步行18分　🅿 150輛

↑東館也有很適合辦公度假的客房

溫泉	露天
IN/OUT 15:00／10:00	
費用 1泊2食 16500円～	
客房數 199間	信用卡 可

↑在「MARUSUKOI」陳列著從開放式廚房現做供應的料理

飯店挑選重點

① 能近距離欣賞大自然的露天浴池

各家飯店費盡心思打造出特色十足的露天浴池，有的能遠眺美麗的山巒與湖泊，有的環繞在蓊鬱森林中……，浸泡在這些浴池裡，親身感受道東式的雄偉大自然吧。

② 堅持使用當地食材的餐點

道東是海鮮為主的食材寶庫。飯店的餐點都充滿了時令的鄂霍次克海魚鮮。提供高水準西餐的美食飯店也不容錯過。

③ 北海道特有的絕佳地點

北海道最大的特色就是一望無際的自然風景，像森林中的小木屋、溫泉民宿等，擁有北海道特色景觀的旅館也有多種選擇。

④ 市區中心部的飯店很方便！

釧路・中標津的市區中心有許多商務旅館及青年旅館，適合當作觀光據點。有些有附溫泉、有的從早餐就有海鮮可以吃，價格實惠但設施充實的飯店眾多是此地的特色。

知床

P.20

釧路 阿寒湖

P.50

阿寒 屈斜·屈斜路

P.64

網走

P.78

位於能取湖珊瑚草群生聚落區的旅館

↑「潮騷·漣漪」

↑能望見庭園的新館客房

網走 能取之莊 籖屋
● のとろのしょうかがりや

☎052-47-230 　MAP附錄 E-3

氛圍祥和的日式摩登旅館。能取湖畔的珊瑚草群生聚落區呈現眼前，早晚都能盡情欣賞美景。餐點則能在此享受大量新鮮的山珍海味。

休無休　所網走市卯原內60-3
交JR網走站搭網走巴士往常呂方面20分，西網走コミセン前下車即到　P60輛

↑用檜木樽桶打造的客房露天浴池

溫泉		露天
IN/OUT	15:00／10:00	
費用	1泊2食 18500円〜	
客房數	23間	信用卡 可

↑晚餐有水煮海釣石狗公、汆燙螃蟹、扇貝海鮮蒸鍋等，能盡情享用鄂霍次克海的海鮮

佇立湖畔邊的民宿一天限定一組客人

弟子屈 WAKKANUPURI
● わっかぬぷり

☎05-486-7271　MAP 77 C-2

溫泉	露天
IN/OUT	15:00／11:00
費用	2人55000円〜、週六及假日前2人65000円〜
客房數	1棟(2房)	信用卡 可

包棟式民宿，從客房及交誼廳就能看到屈斜路湖、藻琴山等美麗風景，和室、西式房各有附源泉放流的溫泉，最多可住8位，適合家庭、團體。

所弟子屈町サワンチサップ6-8　交JR川湯溫泉站車程10分　P10輛

↑從位於別館的露天浴池可獨占屈斜路湖的美景

↑餐點以螃蟹等鄂霍次克海的海鮮和肉及有機蔬菜為主

↑房客還可以包場二樓的交誼廳，中間有柴火暖爐又寬敞舒適

在阿寒湖畔暢泡各種溫泉浴池

阿寒 阿寒遊久之里鶴雅
● あかんゆくのさとつるが

☎054-67-40
（洽詢時間為9:00〜18:00）
MAP 69

由鶴雅集團創立的旅館，以當地故事為概念打造旅館氛圍。在這裡能盡情樂在類型多變的客房、使用山珍海味製作的餐點，與風情各異的溫泉浴池。

所釧路市阿寒町阿寒湖溫泉4-6-10
交JR釧路站搭阿寒巴士往阿寒湖畔2小時，終點站下車步行15分
P200輛

溫泉		露天
IN/OUT	15:00/10:00	
費用	1泊2食 20900円〜	
客房數	225間	信用卡 可

↑從附有露天浴池，到以愛努圖樣為主題設計的客房等都有，類型相當豐富

↑2022年12月開設的圓頂觀景三溫暖，位在8樓的觀景大浴池

→自助百匯擺滿活用當季食材的100道料理

感受小溪流動的露天浴池

中標津 第一湯宿
● ゆやどだいいち

☎053-78-2131　MAP附錄 G-4

能看見清流的露天混浴浴池，浴池與溪流河面高度幾乎相同，讓人有如泡在河中。這裡也是以能看見毛腿漁鴞、蝦夷鹿、狐狸、蝦夷栗鼠而出名的旅館。

休不定休　所中標津町養老牛518　交中標津機場車程40分　P50輛

↑能從大面窗戶望見一片綠意盎然與河川的客房
→傾聽流水聲與野鳥鳴叫，讓人獲得療癒的露天岩浴池（混浴）

溫泉		露天
IN/OUT	15:00／11:00	
費用	1泊2食 15220円〜	
客房數	47間	信用卡 可

→在大地爐愉快地暢談閒聊，眼前的景色讓心情都平靜下來了

位於釧路川源流區旁的旅館

弟子屈 **Atreyu**
●あとれーゆ

📞05-484-2455　　MAP 77 C-3

釧路川流經庭園前方的民宿。充滿玩心的小木屋2樓、擁有豪華帳棚浴室的舒適客房、可住寵物的雙床房等，這裡擁有風格各異的客房。

所 弟子屈町屈斜路原野475-56
🚃 JR摩周站車程15分　P 10輛

溫泉	露天
IN/OUT	16:00／10:00
費用	1泊2食 13500円～
客房數	4間
信用卡	不可

⤴最多可入住5位的舒適客房

⤴使用當地應季食材製作、有益身心的料理也廣受好評
⤴這裡也有舉辦划獨木舟順著釧路川源流區而下的體驗活動（P.72）

感受知床大自然的獨棟別墅

斜里 **知床VILLA HOTEL FREEZE**
●しれとこういらほてるふりーず

📞052-23-5490　　MAP 附錄 G-3

客房全為獨棟別墅型態的旅館。全棟客房皆有完善的露天浴池，能享受小河的溪流聲和森林浴。可以BBQ的晚餐也廣受好評。冬季沒有營業。

所 斜里町豐里63-27　🚃 JR中斜里站車程10分　P 10輛

⤴在客房露天浴池能聆聽溪流水聲

⤴有些有閣樓臥室

溫泉	露天
IN/OUT	15:00／10:00
費用	1泊2食 16000円～
客房數	別墅6棟
信用卡	不可

⤴位在大自然之中，散發溫馨氛圍的別墅

充滿木頭與人情溫暖的民宿

網走 **Auberge Kitano Dan Dan**
●おーべるじゅきたのだんだん

📞052-45-5963　　MAP 85 A

能品嘗到鄂霍次克當季風味的屯田造民宿，在這裡能毫無拘束有如在家一般好好放鬆。創意晚餐全餐使用鄂霍次克新鮮海產和鄰近農家採收的美味蔬菜製作，很受歡迎。

所 網走市大曲39-17
🚃 JR網走站車程5分
P 12輛

⤴晚餐提供使用當令食材的創作料理全餐方案

⤴聳立著樹齡150年的柱子，充滿風情的大廳

溫泉	露天
IN/OUT	15:00／10:00
費用	1泊2食 22700円～
客房數	12間　信用卡 可

⤴眺望網走湖的美景露天浴池

享受有如生活在山丘上的住宿體驗

鶴居 **Heartn樹民宿**
●おかのうえのおーべるじゅはーとんつりー

📞054-64-2542　　MAP 63 B-2

位於鶴居村山丘上的別墅＆民宿。早餐有剛擠好的牛乳、現烤麵包，晚餐則以全餐方式供應等，大量使用當地食材的手作料理廣受好評。亦可僅來此用餐，能夠一邊從餐廳眺望漂亮的景色一邊享用餐點。

所 鶴居村雪裡496-4　🚃 JR釧路站車程40分　P 20輛

溫泉	露天
IN/OUT	15:00～19:00／10:00
費用	1泊2食 14080円～
客房數	別墅1棟、客房3間
信用卡	可

⤴裝潢走鄉村風格，令人感到療癒的別墅
⤴能吃到大量當地食材的早餐

⤴在建築物周邊的是有著約100種香草的香草花園

旅遊便利資訊 道東的精選飯店

P94

館內有天然溫泉的大眾池

斜里 Route Inn Grantia
知床-斜里駅前-
● るーといんぐらんてぃあしれとこしゃりえきまえ

☎ 0152-22-1700　MAP 附錄 G-1
所 斜里町港町16-10　交 JR知床斜里站即到　P 64輛

溫泉	露天
IN/OUT 15:00/10:00	
費用 T14700円～	
客房數 105間	信用卡 可

↑最適合當作知床的觀光據點

使用當地海產的早餐廣受好評

釧路 Dormy Inn PREMIUM釧路
● どーみーいんぷれみあむくしろ

☎ 0154-31-5489　MAP 56
所 釧路市北大通2-1　交 JR釧路站步行10分　P 82輛

溫泉	露天
IN/OUT 15:00/11:00	
費用 T10000円～	
客房數 225間	信用卡 可

↑早餐能盡情享用道東風味

天然溫泉的大眾池充滿魅力

網走 Dormy Inn網走
● どーみーいんあばしり

☎ 0152-45-5489　MAP 84
所 網走市南2西3-1-1　交 JR網走站步行10分　P 101輛

溫泉	露天
IN/OUT 15:00/11:00	
費用 S7990円～、T13990円～	
客房數 145間	信用卡 可

↑9樓擁有設備完善的景觀大眾池，能一覽鄂霍次克海景色

能近距離感受自然，精心款待來客的旅館

北見 美白的湯宿 大江本家
● びはくのゆやどおおえほんけ

☎ 0157-45-2711　MAP 附錄 C-4
所 北見市留辺藥町溫根湯溫泉466-1　交 JR留邊藥站車程13分　P 200輛

溫泉	露天
費用 需於官網確認	
客房數 174間	
信用卡 可	

↑源泉放流的「美白湯」

還可參加自選行程來場早上的牧場散步

中標津 Guesthouse ushiyado
● げすとはうすうしやど

☎ 0153-77-9305　MAP 附錄 H-5
所 中標津町東3北1-4-2 2F　交 根室中標津機場車程7分　P 20輛

溫泉	露天
IN/OUT 15:00～19:00/10:00	
費用 通鋪舖3500円～、單間（雙床、三床）7000円～	
客房數 通鋪房12間、單間3間	
信用卡 可	

↑還有有廚房的共用休憩廳

※自選行程需另付費

林木環繞、舒適愜意的溫泉旅館

津別 奧屈斜路溫泉油燈之宿森津別
● らんぷのやどもりつべつ

☎ 0152-76-3333　MAP 77 B-3
位於津別町森林深處的溫泉旅館，從大廳窗戶還有可能看見蝦夷黑貂、蝦夷鹿等野生動物。在旅館旁的「Nonno-no-mori」也有舉辦森林療法體驗活動。
所 津別町上里738　交 JR美幌站車程1小時　P 60輛

←燈籠燈光點亮的大廳，充滿溫暖的氛圍

↑旅館被獲得森林療癒基地認證的Nonno-no-mori環繞著

→溫泉是透明親膚的鹼性溫泉

溫泉	露天
IN/OUT 15:00/10:00	
費用 1泊2食 15300円～	
客房數 23間	信用卡 可

使用道產食材為招牌的生態旅館&餐廳

羅臼 Shiretoko Serai
● しれとこせらい

☎ 0153-85-8800　MAP 40 A
位置緊鄰公路休息站知床·らうす，以可望見國後島正面的客房和道產食材料理接待來客。因為這裡是由旅行社經營的旅館，匯集了許多種類豐富、以知床為中心的當地旅遊行程。
休 無休（11月為冬季休館）　所 羅臼町礼文町41-5　交 巴士站羅臼本町步行10分　P 5輛（有第2停車場）

↑羅臼海產、鹿肉等，能品嘗到講究料理的餐廳

→推薦大家能夠望見國後島的海景客房

↑以木頭和白色為基調設計的旅館

溫泉	露天
IN/OUT 15:00 / 10:00	
費用 1泊2食 11000円～	
客房數 10間	信用卡 可

擁有木桶造型三溫暖的溫泉飯店

鶴居 つるいむら湿原温泉ホテル
● つるいむらしつげんおんせんほてる

☎ 0154-65-8840　MAP 63 B-2
裝潢為北歐設計風格的可愛溫泉旅館。源泉放流的溫泉、圓木桶造型的三溫暖等，有相當多能讓人舒適放鬆的設施。
所 鶴居村鶴居東3　交 JR釧路站車程45分　P 48輛

←源泉放流的弱鹼性溫泉

→料理 在餐廳享用選用當地食材的法式

→以北歐風格設計的時尚客房

溫泉	露天
IN/OUT 15:00/10:00	
費用 1泊2食 15000円～	
客房數 10間	信用卡 可

※北海道名點在新千歲機場也買得到

鄂霍次克紋別機場
女滿別機場
根室中標津機場
丹頂釧路機場

道東

4機場

丹頂釧路機場
女滿別機場
根室中標津機場
鄂霍次克紋別機場

北海道點心

搶先下手準沒錯

六花亭 奶油葡萄夾心餅乾
10個裝‧1450円

這些機場買得到 Ⓐ Ⓑ Ⓒ Ⓓ

專用麵粉做成的餅乾裡，包進自家公司製作的葡萄乾奶油。

北菓樓 北海道開拓米果
1包（170g）‧490円～

從磨原料糯米到調味總共需費時七天時間，做工相當講究的米果點心。有增毛甜蝦、襟裳昆布等使用北海道海鮮的數種口味。

這些機場買得到 Ⓑ

Calbee 薯條三兄弟
10包裝‧1050円（因商店而異）

生的北海道馬鈴薯連皮切開，一口咬下都是馬鈴薯天然的美味，是北海道必買伴手禮。

這些機場買得到 Ⓐ Ⓑ Ⓒ Ⓓ

ISHIYA 白色戀人
18片入（白巧克力）‧1425円

酥脆的貓舌餅夾入白巧克力。
※可能因原料不足而缺貨

這些機場買得到 Ⓐ Ⓑ Ⓒ Ⓓ

LeTAO DOUBLE FROMAGE
1836円

這些機場買得到 Ⓐ Ⓑ

口感滑順入口即化，此蛋糕的特色是由雙層起司——酸味清爽且口感溫和的生起司和風味濃醇的烤起司所組成。

ROYCE 生巧克力
[牛奶] 20顆裝‧864円

這些機場買得到 Ⓐ Ⓑ Ⓒ Ⓓ

北海道鮮奶油讓巧可力口感更絲滑、味道更醇厚，最後灑上可可粉，使整體層次更加豐富。

柳月 三方六
原味一條‧680円

這些機場買得到 Ⓐ Ⓑ

「三方六」名字的由來是在開墾北海道的年代，使用的木柴三邊各是六寸（約18cm），外型以兩色巧克力模擬白樺樹的樹皮圖樣。

HORI 玉米巧克力
10個裝‧450円

這些機場買得到 Ⓐ Ⓑ Ⓒ

北國肥沃田裡長大的玉米，裏上高級白巧克力，又脆又香，讓人一吃停不下來。

Ⓑ 女滿別機場

從東京、中部、新千歲都有航班發抵，往北見、網走、知床方向的空路大門。前往摩周、屈斜路方向也只要過了美幌峠一下就到了，從這裡開始旅行十分便利。

MAP 附錄 E-3

➡道東的主要機場，重要性等同於丹頂釧路機場

機場 DATA
✈ ●東京（羽田）1天5班 JAL‧ADO（ANA）●新千歲1日6班 JAL‧ANA等

🚌 機場巴士➡往網走1050円、往北見1200円

🚗 TOYOTA租車／日產租車／NIPPON租車／Times租車／ORIX租車

🍴 3間店（PILICA Restaurant ⏰9:00～19:30等）

🛍 7間店（BLUE SKY女滿別機場店 ⏰8:00～20:00等）

Ⓐ 丹頂釧路機場

☎0154-57-8304（北海道エアポート株式会社 釧路空港事業所）

道東地區的大門，從東京、關西、新千歲、丘珠等都有航班發抵，2018年起從關西機場還有廉價航空樂桃可以選擇。從機場到釧路市區、阿寒湖方向的遊客可以搭巴士。

MAP 63 A-4

➡機場的屋簷形狀仿造雌阿寒岳及雄阿寒岳

機場 DATA
✈ ●東京（羽田）1天6班 ANA‧JAL‧ADO ●大阪（關西）1日1班 APJ ※2023年2月資訊

🚌 阿寒巴士／機場巴士➡JR釧路站 950円

🚗 TOYOTA租車／日產租車／NIPPON租車／Times租車／ORIX租車／釧路租車

🍴 2間店（和食‧拉麵 北斗 ⏰9:00～19:00、丹頂 ⏰9:00～19:00（會視末班時間而變動））

🛍 4間店（たんぽや ⏰8:30～19:40等）

※各商品可能會因為店鋪營業時間等有季節性變動，詳情請至各販賣處詢問。

知床

P20
釧路 釧路濕原

P50
阿寒 摩周・屈斜路

P64
網走

P78

旅遊便利資訊
道東4機場伴手禮指南

P94

伴手禮指南

從北海道的必買伴手禮到道東特有名產，選這些當禮物絕對萬無一失！

當地特有的美食讓人眼花撩亂

道東名點

長谷製菓
丹頂鶴的蛋　5個裝・713円
蛋黃的部分是用白豆沙餡，外面包上長崎蛋糕再裹上白巧克力，自上市以來人氣高居不下。

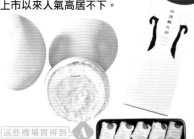

這些機場買得到 A

ほがじゃ 小清水北陽工場
ほがじゃ（奶油醬油扇貝）2片×8包756円
使用大量小清水町產馬鈴薯製作的仙貝。ほがじゃ十周年紀念推出的「奶油醬油扇貝口味」，美味到簡直就像在吃奶油醬油扇貝！

這些機場買得到 A B D

北海まりも製菓
球藻羊羹
10個裝・756円

外形與顏色酷似阿寒湖的綠球藻。一用牙籤戳它，表面的塑膠膜就會瞬間破裂，露出圓滾滾的羊羹，相當特別。

這些機場買得到 A B

釧路 菓子処なかじま
地酒蛋糕 福司　1盒460円（迷你）
以釧路當地酒「福司」為原料，是款口感濕潤蓬鬆的蛋糕，有分「清酒」及「純米酒」兩種。

這些機場買得到 A

北見鈴木製菓
經典胡椒薄荷夾心餅乾
10片裝・1026円
使用100%鄂霍次克產麵粉及北見薄荷油，呈現出清甜爽口的好評滋味。有原味及巧克力兩種口味。

這些機場買得到 B

すがの商店
生銅鑼燒　1個200円
夾入以鄂霍次克產紅豆自製的紅豆泥與特選奶油。以冷凍狀態販售，請等回溫後再享用。

這些機場買得到 B D

North Plain Farm
Okoppe發酵奶油蛋糕
4個裝・1188円
僅靠優質雞蛋之力膨起的蛋糕裡，加了大量自家公司製造的發酵奶油。能享受微微濕潤的口感和單純奶油香。

菓子処 松屋
夕陽　10個裝・1512円
以釧路夕陽為概念的西式包餡甜點，牛奶餡搭配相襯的酸甜覆盆莓果醬，包在口感溼潤的外皮中。

這些機場買得到 A

D 鄂霍次克紋別機場
📞0158-26-2655
鄂霍次克、紋別一帶的空中大門，有接駁巴士可以到紋別市區。最適合租車往佐呂間湖、網走、旭川、稚內方向觀光。

MAP 附錄 B-1
➡便於當鄂霍次克觀光據點

P94

機場DATA
✈ ●東京（羽田）1天1班 ANA
🚌 北紋巴士／空港↔紋別巴士總站 免費，機場↔遠輕（預約制）免費
🚗 TOYOTA租車／NIPPON租車
🍴 1間店（Cafe Okhotsk Blue ⏰11:30～14:00）
🏪 1間店（北海道オホーツク村紋別空港店 ⏰10:00～14:30）

C 根室中標津機場
📞0153-73-5651（機場服務處）
東京一天一班、新千歲一天三班發抵，有往根室方向的巴士。機場雖小，但有多家租車公司的門市，值得利用。

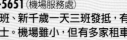

MAP 附錄 H-4
➡必看機場附近的風景

機場DATA
✈ ●東京（羽田）1天1班 ANA
🚌 根室交通／機場巴士↔中標津巴士總站 240円
🚗 TOYOTA租車／日產租車／NIPPON租車／Times租車／ORIX租車
🍴 1間店（PEABERRY ⏰12:00～14:30、16:00～17:30）
🏪 2間店 ⏰8:15～17:30

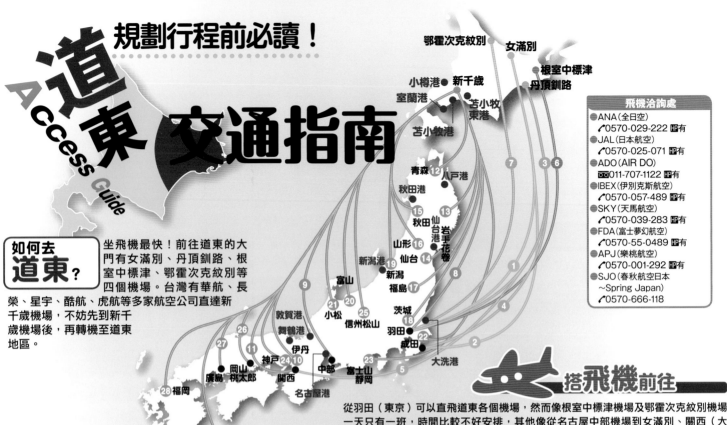

規劃行程前必讀！

道東 Access Guide 交通指南

如何去 道東?

坐飛機最快！前往道東的大門有女滿別、丹頂釧路、根室中標津、鄂霍次克紋別等四個機場。台灣有華航、長榮、星宇、酷航、虎航等多家航空公司直達新千歲機場，不妨先到新千歲機場後，再轉機至道東地區。

飛機洽詢處
- ●ANA（全日空）
  ✆0570-029-222 ᴴᴾ有
- ●JAL（日本航空）
  ✆0570-025-071 ᴴᴾ有
- ●ADO（AIR DO）
  ☎011-707-1122 ᴴᴾ有
- ●IBEX（伊別克斯航空）
  ✆0570-057-489 ᴴᴾ有
- ●SKY（天馬航空）
  ✆0570-039-283 ᴴᴾ有
- ●FDA（富士夢幻航空）
  ✆0570-55-0489 ᴴᴾ有
- ●APJ（樂桃航空）
  ✆0570-001-292 ᴴᴾ有
- ●SJO（春秋航空日本 ～Spring Japan）
  ✆0570-666-118

搭飛機前往

從羽田（東京）可以直飛道東各個機場，然而像根室中標津機場及鄂霍次克紋別機場一天只有一班，時間比較不好安排，其他像從名古屋中部機場到女滿別、關西（大阪）機場到釧路也是一天只有一班直飛。要從其他機場飛進北海道的話，可以飛到札幌新千歲機場再轉機到道東各個機場，或是坐火車、巴士前往道東。要注意的是，除了本書記載路線外也會有其他的季節加開班次，特別是夏季，請以官方提供的時刻表為準。

各機場到主要都市及觀光景點的交通方式

女滿別機場	網走巴士 25分・920円	網走站前	✆0152-43-4101
	斜里巴士等 2小時6~13分・3300円※①	宇登呂溫泉巴士總站	✆0152-23-3145 ᴴᴾ有
丹頂釧路機場	阿寒巴士 約1小時15分・2190円	阿寒湖溫泉（阿寒湖巴士中心）	✆0154-37-2221 ᴴᴾ有
	阿寒巴士 45分・950円	釧路站前	✆0154-37-2221 ᴴᴾ有
根室中標津機場	根室交通巴士 1小時41分・1920円	根室站前總站	✆0153-24-2201 ᴴᴾ有
鄂霍次克紋別機場	機場連絡巴士 17分・免費※②	紋別巴士總站	✆0158-24-5124※③

※① 冬季與春季的部分期間停駛
※② 只有配合羽田班次的機場接駁巴士免費，一般路線巴士為440円
※③ 紋別市觀光交流推進室

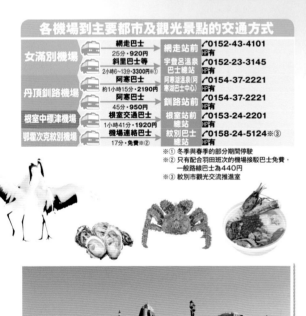

	出發地	航空公司	班數	所需時間	目的地
①	羽田機場（東京）	JAL・ADO	1天5班	1小時45分	**女滿別空港**
②	成田機場	APJ	1天1班	2小時5分	
③	羽田機場（東京）	ANA・JAL・ADO	1天6班	1小時40分	**丹頂釧路機場**
④	成田機場	APJ	1天1班	2小時50分	
⑤	関西機場（大阪）	APJ	1天1班	2小時	
⑥	羽田機場（東京）	ANA	1天1班	1小時40分	**根室中標津機場**
⑦	羽田機場（東京）	ANA	1天1班	1小時45分	**鄂霍次克紋別機場**
⑧	羽田機場（東京）	ANA・JAL・ADO・SKY	每小時2~4班	1小時30分	**新千歲機場 （札幌）**
⑨	中部機場（名古屋）	ANA・JAL・ADO・SKY・APJ	1天14班	1小時45分	
⑩	伊丹機場（大阪）	ANA・JAL	1天10班	1小時40~50分	
⑪	関西機場（大阪）	ANA・JAL・APJ	1天11班	1小時50分~2小時	
⑫	青森機場	ANA・JAL	1天5班	45~55分	
⑬	岩手花卷機場	JAL	1天3班	1小時	
⑭	仙台機場	ANA・JAL・ADO・IBX・APJ	1天15班	1小時10~20分	
⑮	秋田機場	ANA・JAL	1天4班	1小時5分	
⑯	山形機場	FDA	1天1班	1小時15分	
⑰	福島機場	ANA	1天1班	1小時35分	
⑱	茨城機場	SKY	1天2班	1小時25分	
⑲	新潟機場	ANA・JAL	1天4班	1小時10~25分	
⑳	富山機場	ANA	1天1班	1小時30分	
㉑	小松機場	ANA	1天1班	1小時30分	
㉒	成田機場	ANA・JAL・APJ・SJO	1天13班	1小時35~50分	
㉓	富士山靜岡機場	ANA	1天1班	1小時45分	
㉔	神戶機場	ANA・ADO・SKY	1天6班	1小時50分	
㉕	信州松本機場	FDA	1天1班	1小時35分	
㉖	岡山桃太郎機場	ANA	1天1班	1小時50分	
㉗	廣島機場	ANA・JAL	1天2班	1小時55分	
㉘	福岡機場	ANA・JAL・SKY・APJ	1天6班	2小時10~20分	
㉙	那霸機場	ANA・APJ	1天1班	3小時	

費用視預約日、搭乘日、航空公司而異，行駛日與航班數量也可能因時期而異。

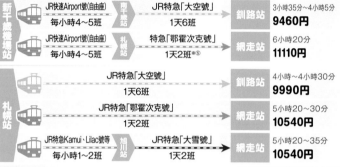

北海道內 的交通方式

從新千歲機場可搭飛機或火車前往道東。也可鐵道或長途巴士經由札幌前去，尤其火車無法直達的地區，搭巴士就會非常方便。搭夜間巴士的話還能在睡覺的時間內移動，更有效率。然而最省時間的方式還是搭飛機。

其1 搭火車

從新千歲機場下一站起迄，行駛札幌〜釧路的「大空號」每一班列車，都會停靠南千歲站。先到札幌或旭川的話就能搭乘開往網走的「鄂霍次克號」及「大雪號」。要去根室的話在釧路轉車，要去知床斜里的話在釧路或網走轉車即可抵達。

新千歲機場站	JR快速Airport號(自由座) 每小時4～5班	南千歲站	JR特急「大空號」 1天6班	釧路站	3小時35分〜4小時5分 **9460円**
	JR快速Airport號(自由座) 每小時4～5班	札幌站	特急「鄂霍次克號」 1天2班※⑤	網走站	6小時20分 **11110円**
札幌站			JR特急「大空號」 1天6班	釧路站	4小時〜4小時30分 **9990円**
			JR特急「鄂霍次克號」 1天2班	網走站	5小時20〜30分 **10540円**
	JR特急Kamui、Lilac號等 每小時1～2班	旭川站	JR特急「大雪號」 1天2班	網走站	5小時20〜35分 **10540円**

※⑤ 不跨日轉乘的話則1天只有1班

搭火車在北海道內移動的話這張套票最划算！

北海道鐵路周遊券
27000円(日本國內價)・七日券

可在台灣先於JR東日本網路訂票系統購買，到北海道內指定地點進行兌換；或到JR北海道主要車站如札幌站、新千歲機場站直接購買。

●除JR北海道管內(北海道新幹線處外)的鐵道全線（特急、快速、普通列車）普通車自由席及部分路線、區間，可自由搭乘JR北海道巴士●鐵道普通車對號座最多可搭乘6次●到北海道的來回車票須另外購入（即使不同時購入機票、渡輪乘船券也可）●旺季不可使用

火車時刻表及費用等事項的洽詢處

●JR北海道電話客服中心　☎011-222-7111 HP有

其3 搭飛機

除了新千歲機場，還有札幌丘珠機場有直飛道東，但沒有鄂霍次克紋別機場發抵的北海道內航班。從札幌站前往札幌丘珠機場請搭地鐵東豐線坐12分鐘到榮町站，換搭北海道中央巴士即可抵達。

札幌丘珠機場	JAL／1天4班 45分	丹頂釧路機場
新千歲機場	ANA／1天3班 45分	
	ANA・JAL／1天6班 45分	女滿別機場
	ANA／1天3班 50分	根室中標津機場

運費視預約日、搭乘日或航空公司而有不同，請事先確認。

航空公司洽詢處

●ANA（全日空）　☎0570-029-222 HP有　　●JAL（日本航空）　☎0570-025-071 HP有

其4 開車

圖上紅色路段表示可免費行駛的高規格幹線道路（自動車專用道路）

其2 搭長途巴士

北海道鐵道網較不發達，不需轉乘即可遠距移動的長途巴士有許多選擇，有些線路與JR特急列車平行，串起主要都市，費用大致上也比鐵路便宜，因此不只是觀光客，連許多北海道人也都選擇搭巴士。

中央巴士札幌總站	斜里巴士「Eagle Liner」 夜車1天1班(可向北海道中央巴士預約)	宇登呂溫泉 巴士總站	7小時15分 **8400円**
	北海道中央巴士等「Dreamint鄂霍次克號」 白天1天8班	網走巴士 總站	6小時5分（夜車為6小時15分） **6800円**
	北海道中央巴士等「星光釧路號」 白天1天4班・夜車1天1班	釧路站前	5小時15分（夜行為5小時55分） **5880円**
札幌巴士總站	北都交通巴士等「Aurora號」 夜車1天1～2班	根室站前 總站	8小時35分〜45分 **8200円**
札幌站前巴士總站	北海道中央巴士等「流冰Monbetsu號」 白天1天4班	紋別 巴士總站	4小時40分 **5270円**

其他還有像旭川〜紋別（北海道中央巴士等）、旭川〜北見（道北巴士等）、旭川〜釧路（道北巴士等）。

長途巴士的洽詢處

●北海道中央巴士　☎0570-200-600 HP有　　●北都交通　☎011-272-1211 HP有　　●道北巴士　☎0166-23-4161 HP有

※鐵道的費用為全線的普通運費與一般時期特急普通車對號座費用的總額（不搭乘特急的話僅為普通運費）。所需時間為來回標準時間。以上資訊皆為2023年3月資訊，有可能受到新冠肺炎疫情影響而調整時刻表、費用，敬請旅行前事先確認最新資訊。

計程車方案
可以自行決定出發地點及目的地，非常方便，也可以配合個人需求更換行程內容。

網走Hire ☎0152-43-3193
HP http://www.abashirihire.jp/
※提供小型計程車（限乘4名）或大型計程車（限乘9名）。

知床·網走

女滿別機場 網走國定公園 知床路線
■行駛期間／通年 ■費用／小型56800～
■所需時間／約8小時10分
女滿別機場→網走監獄博物館→天都山（流冰館）→原生花園→斜里→Oshinkoshin瀑布→知床（宇登呂）→網走市內中心部

女滿別機場 網走國定公園 能取岬路線
■行駛期間／全年 ■費用／小型21300～
■發抵時間／自由 ■所需時間／約3小時40分
女滿別機場→網走監獄博物館→天都山（流冰館）→能取岬→岬線→刑務所→網走市內中心部

網走國定公園 佐呂間湖路線
■行駛期間／通年 ■費用／小型18100～
■發抵時間／自由 ■所需時間／約2小時30分
網走市內中心部→能取岬→岬線→珊瑚草→能取湖→常呂→佐呂間湖（榮浦）

第一共榮交通 ☎0154-36-4151
HP http://kushiro-daiichikyouei-taxi.jp/
※提供小型計程車（限乘4名）或大型計程車（限乘9名）、Prius等。

釧路·釧路濕原

丹頂鶴與濕原路線
■行駛期間／全年 ■費用／小型車13000～ ■發抵時間／自由 ■所需時間／約2小時
釧路市內→丹頂鶴自然公園→釧路濕原展望台→釧路和商市場→釧路市內

釧路市內·細岡賞景·藪蕎麥麵路線
■行駛期間／全年（竹老園的店休日週二除外）■費用／19500円～■發抵時間／自由 ■所需時間／約3小時
釧路市內→幣舞橋→細岡賞景→藪蕎麥麵「竹老園」→MOO→釧路市內

摩周·釧路濕原

釧路濕原一周·摩周湖之旅路線
■行駛期間／全年 ■費用／小型車32500～ ■發抵時間／自由 ■所需時間／約5小時
釧路市內→釧路濕原觀景台→鶴見台（或900草原）→弟子屈→摩周湖→細岡賞景→釧路市內

從細岡賞景繞Kottaro濕原路線
■行駛期間／全年 ■費用／小型車26000～ ■發抵時間／自由 ■所需時間／約4小時
釧路市內→細岡賞景→Kottaro濕原觀景台→釧路濕原觀景台→丹頂鶴自然公園→釧路市內

阿寒Hire ☎0154-67-3311
HP https://www.akanhire.co.jp/
※提供小型計程車（限乘4名）或大型計程車（限乘9名）。

阿寒·摩周·西別岳

夏季3小時路線
■行駛期間／5～10月 ■費用／普通車19320～ ■發抵時間／自由 ■所需時間／約3小時
阿寒湖溫泉→雙湖·雙岳台→摩周第一觀景台→摩周第三觀景台→硫磺山→阿寒湖溫泉

夏季5小時路線
■行駛期間／全年 ■費用／小型車32200～ ■發抵時間／自由 ■所需時間／約5小時
阿寒湖溫泉出發→雙湖·雙岳台→摩周第一觀景台→摩周第三觀景台→硫磺山→屈斜路湖（砂湯）→美幌峠→回到阿寒湖溫泉

Slow Drive 裏摩周·神之子池
■行駛期間／5～10月 ■費用／小型車38640～ ■發抵時間／自由 ■所需時間／約6小時
阿寒湖溫泉→雙湖、雙岳台→摩周第一觀景台→摩周第三觀景台→硫磺山→神之子池→裏摩周觀景台→900草原→阿寒湖溫泉

根室Hire ☎0153-24-4151　中央Hire ☎0153-24-2141　北斗TAXI ☎0153-23-5171
※以上三家計程車公司全年提供周遊根室觀光景點的路線。

根室·納沙布岬

納沙布岬·北方領土路線
■行駛期間／全年 ■費用／小型12800～ ■發抵時間／自由 ■所需時間／約2小時
根室站前→納沙布岬→北方原生花園→根室站前

自然路線～濱松海岸·落石岬·風蓮湖·春國岱～
■行駛期間／全年 ■費用／小型19300～ ■發抵時間／自由 ■所需時間／約3小時
根室站前→濱松海岸停車場公園→落石岬→林道→別當賀→公路休息站 スワン44ねむろ→春國岱→溫根沼大橋→根室站前

道東區域的 定期觀光巴士 & 計程車方案

時間比較充裕的遊客，也可以考慮搭JR或巴士到當地後，搭配定期觀光巴士或觀光計程車來玩，這方法也適合不習慣開長途車的遊客。

定期觀光巴士
便宜且更有效率地周遊觀光景點。範圍較廣的路線有些可以中途自行下車。

斜里巴士 ☎0152-23-0766
HP http://www.sharibus.co.jp/

知床·宇登呂

知床浪漫之旅號A路線[需預約]
■行駛期間／4月28日～10月31日 ■費用／1900円
■發抵時間／9:15～10:15 ■所需時間／約1小時
斜里巴士總站→Oshinkoshin瀑布→宇登呂溫泉巴士總站
※可以續搭知床浪漫之旅號B路線。

知床浪漫之旅號B路線[需預約]
■行駛期間／4月28日～10月31日 ■費用／3300円
■發抵時間／10:18～14:20（宇登呂溫泉巴士總站）■所需時間／約4小時
宇登呂溫泉各大飯店載客→宇登呂溫泉巴士總站→Puyuni岬（車窗觀賞）→知床峠→知床自然中心→知床五湖（高架木棧道）→宇登呂溫泉巴士總站
※8月6日～8月15日知床接駁巴士運行期間，在知床自然中心選擇自由往返方案。
※可以從知床浪漫之旅號A路線接著搭，也可以續搭C路線。

知床浪漫之旅號C路線[需預約]
■行駛期間／4月28日～10月31日 ■費用／1900円
■發抵時間／14:30～15:20 ■所需時間／約50分
宇登呂溫泉巴士總站→希望之丘·通天道（不下車）→斜里巴士總站
※可以從知床浪漫之旅號B路線接著搭。

阿寒巴士 ☎0154-37-2221
HP https://www.akanbus.co.jp/

釧路·阿寒·摩周·別海

白色Pirika號[需預約]
■行駛期間／2024/1/13～3/17 ■費用／5600円（到阿寒湖為4000円、到釧路機場為5200円）　※阿寒湖溫泉下車3290円（有可能變更）、釧路機場下車4300円 ■發抵時間／8:30～15:00 ■所需時間／約8小時55分
釧路站前巴士總站【8:30發車】→MOO巴士總站【8:35發車】→釧路王子大飯店【8:38發車】→★鶴見台（停留20分）→砂湯（停留20分）→★硫磺山（停留30分）→★公路休息站 摩周溫泉（停留55分）→★摩周湖第一觀景台（停留30分）→★阿寒湖溫泉街（停留60分）【15:15～16:15】（下客）→丹頂釧路機場（下客）→釧路站前巴士總站（下客）→MOO巴士總站（下客）→釧路王子大飯店（下客）※2024年1月資訊

釧路知床號[需預約]
■行駛期間／2024/2/1～3/9 ■費用／6000円（從釧路到宇登呂）■發抵時間／7:55→18:25～18:40（宇登呂各家飯店）※視時期變動 ■所需時間／約10小時20分（9月為約10小時、10月為約9小時50分）
07:50釧路站前總站（乘車）→07:55MOO巴士總站（乘車）→07:58釧路王子大飯店前（乘車）→08:50～09:00公路休息站阿寒丹頂之里（停留10分）→09:50阿寒湖巴士中心→09:55～10:05阿寒湖各飯店上車→10:55～11:15公路休息站摩周溫泉（停留20分）→11:30～12:00參觀摩周湖第一觀景台（停留30分）→12:50～13:50參觀美幌峠（停留30分）→午餐自由行動→14:25 JR美幌站前（乘車、下客）→14:40女滿別機場（下客）→童話之丘（車窗賞景）→15:05 JR網走站前（乘車、下客）→15:10～16:40道的驛流冰街道網走（下客）→18:00公路休息站うとろシリエトク（下客）→宇登呂各飯店 ※2024年1月資訊

根室交通 ☎0153-24-2201
HP https://nemurokotsu.com/ ※下述內容為2024年1月實際路線，僅供參考。

根室·納沙布岬

根室半島遊覽巴士「納沙布號」（A）納沙布岬路線
■行駛期間／7月中旬～10月下旬 ■費用／3300円
■發抵時間／8:15～10:50 ■所需時間／約2小時35分
根室站前總站→明治公園→納沙布岬→北方原生花園→金刀比羅神社→根室站前總站
※（B）可接著搭乘下方車石、風蓮湖路線，AB一圈費用為4800円

根室半島遊覽巴士「納沙布號」（B）車石·風蓮湖路線
■行駛期間／5/1～10/31 ■費用／3100円
■發抵時間／11:00～15:30 ■所需時間／約4小時30分
根室站前總站→根室市歷史與自然資料館→花咲燈塔車石→公路休息站スワン44ねむろ→春國岱野生鳥類公園自然中心→北方四島交流中心→根室站前總站

※上述行程可能有停開、路線調整、價格調整等狀況，出發前請務必向各辦理公司洽詢詳情。

【 MM 哈日情報誌系列 42 】

知床·道東
網走·釧路·阿寒

作者／MAPPLE昭文社編輯部
翻譯／李詩涵
編輯／林庭安
發行人／周元白
排版製作／長城製版印刷股份有限公司
出版者／人人出版股份有限公司
地址／231028 新北市新店區寶橋路235巷6弄6號7樓
電話／（02）2918-3366（代表號）
傳真／（02）2914-0000
網址／www.jjp.com.tw
郵政劃撥帳號／16402311 人人出版股份有限公司
製版印刷／長城製版印刷股份有限公司
電話／（02）2918-3366（代表號）
經銷商／聯合發行股份有限公司
電話／（02）2917-8022
第一版第一刷／2024年3月
定價／新台幣420元
　　　港幣140元

國家圖書館出版品預行編目（CIP）資料

知床·道東：網走·釧路·阿寒／
MAPPLE昭文社編輯部作；
李詩涵翻譯. — 第一版. — 新北市：
人人出版股份有限公司, 2024.03
面； 公分. —（MM哈日情報誌系列；42）
ISBN 978-986-461-374-8（平裝）

1.CST：旅遊 2.CST：日本北海道

731.7909　　　　　　　　　113001158